FORMAS DEL OCULTISMO

JORGE OVANDO

BETANIA

Betania es un sello de Editorial Caribe

© 2001 Editorial Caribe
Una división de Thomas Nelson, Inc.
Nashville, TN—Miami, FL (EE.UU.)

email: editorial@editorialcaribe.com
www.caribebetania.com

ISBN: 0-88113-583-6

Impreso en EE.UU.
Printed in U.S.A.

Contenido

Agradecimientos

Llevo muchos años confrontando al dios de este siglo, pero si prevalezco en este ministerio solo se debe a la gracia y misericordia de Dios. Deseo que usted no atribuya a nada más el hecho que haya podido lograrlo. Por más que sepamos muchas cosas y que hayamos desarrollado buenas técnicas de confrontación, nada puede con las tinieblas si no nos acompaña la gracia y la misericordia de Dios. Todo eso son los carros de faraón. Espero que me entienda. Seguramente usted me dirá: «Pero fuimos investidos con el poder de lo alto, la fe, la oración y el ayuno.» De acuerdo, todo lo que Ud. quiera, pero no sea ingrato con Dios y dele gracias por su gracia y misericordia que se renueva día a día y es abundante.

Por eso le agradezco a Dios profundamente que se haya fijado en mí y que me sostenga hasta ahora para librar las batallas más cruentas, pero con victorias rotundas para la gloria de Dios.

En esto no estoy solo. Un equipo de colaboradores idóneos me acompañan. Es el Ministerio de Liberación de IBEM (Iglesia Bautista de la Evangelización Mundial), la iglesia que fundé y pastoreo. También ellos son guerreros indiscutibles que libran la buena batalla de la fe todos los días. Porque cuando se trata de confrontar las tinieblas, no hay hora ni condiciones. También hacia ellos todo mi reconocimiento.

Puedo decir que Dios me ha dado el privilegio de compartir y ministrar el «Taller de Liberación» en diferentes puntos geográficos, y lo curioso es que en muchos casos no solo he tenido la oportunidad de impartir la parte teórica, sino también la práctica.

Por último, agradezco a esta editorial que siempre me ayuda a difundir mis enseñanzas. Porque es un gozo presentar este breve tratado sobre el ocultismo y sus diferentes variantes al pueblo de Cristo.

Jorge Ovando
Las Heras 558
(6.700) Bs. As.
Argentina

Capítulo 1

La ignorancia

(La peor forma de ocultismo)

Si la educación le parece cara es porque no probó la ignorancia.
John F. Kennedy

He podido comprobar que en las iglesias hay mucha ignorancia con relación a lo oculto. No solo debemos ocuparnos de la lucha espiritual, sino también de la cultura espiritual que el mundo necesita. Hay pastores que no saben del tema y mucho menos el pueblo que depende de ellos. Podemos llegar a entender esto cuando pensamos que para todo hay un tiempo. Pero cuando tal ignorancia depende de una actitud decidida a mantener oculto lo oculto. Tiene que enardecernos porque quienes han adoptado tal forma se condenan a vivir de las migajas. Lo peor es que con su actitud le dan la gloria al maligno. Cierran las puertas de la bendición para muchos que quieren dejar de vivir vidas toscas. Y abren las puertas de la maldición porque el diablo lo aprovecha todo. Él principalmente infiltra sus doctrinas heréticas y cambia el evangelio verdadero en otro «evangelio». Los ministros de Jesucristo no tienen un discernimiento correcto y sus seguidores son llevados como ovejas al matadero. La extensión del Reino se posterga.

No se confunda, no digo que la confrontación con los demonios sea la panacea de la Gloria. Pero sí un nuevo campo que nos permite observar más de cerca el poder de Dios. De allí que conocer a Dios, y las herramientas que usa el enemigo, es un asunto fundamental para la vida cristiana. Sí, no se equivoca, trato de hacerle ver que lidiar con las huestes de maldad forma parte natural (por más que sea sobrenatural) de la vida espiritual.

Una actitud decidida a mantener el tema como peligroso termina fomentando en el pueblo la curiosidad y hasta la morbosidad. Luego vienen el temor y la confusión, y los creyentes terminan sugestionándose ante cualquier experiencia sobrenatural. Lo dijo Emerson: «El miedo siempre surge de la ignorancia». Y según Job, el miedo se convierte en un imán (véase Job 3.25).

Los resultados en la iglesia son peores cuando no se establecen los principios doctrinales de una manera clara. Mucho más si el pastor perfila su ministerio solamente por imitación. Es más o menos como el padre de familia que tiene temor de hablar del sexo con sus hijos, porque el tema le asusta, no lo conoce, o no definió su propia convicción al respecto. Tarde o temprano, los hijos lo aprenderán de otras fuentes. El obrero de Cristo debe ser preparado para toda buena obra, y también debe estar formado por todo el consejo de Dios. He aquí una lista de motivos que han hecho que muchos evadan el tema:

1. Por ignorarlo y por no tener experiencia. Generalmente lo desconocido asusta. Cuanto más, si somos igno-

rantes, aquello que depende de lo que no vemos. El diablo sabe esto y lo usa. Ataca por las puertas que le abrimos por medio de la ignorancia.

2. Por considerarlo peligroso para la salud síquica del creyente. Creo que hacemos más daño cuando no enseñamos cabalmente sobre «todo el consejo de Dios». De allí que el obrero sea preparado para toda buena obra. Es inconcebible que un creyente tenga miedo cuando Dios nos ha dado la victoria. Nada más puede trastornar al individuo que la incertidumbre, la inseguridad y la desesperanza, cuando Dios nos ha hecho más que vencedores.

3. Por creer que el diablo es solo la personificación del mal, y racionalizar lo sobrenatural. Lamentablemente este concepto también es usado por «cristianos evangélicos». Como si los relatos del Evangelio fuesen simples fábulas. Como si Jesús nos hubiese contado cosas inexistentes. O como si ya no fuese necesario desplegar el mismo poder sobrenatural como al principio lo hizo Jesús ante los demonios. Ellos todavía están y batallan contra su Iglesia (estudie Efesios 6).

4. Por no tener convicción para enseñar. Es muy común ver a ministros híbridos que no han definido su teología, y predican, enseñan y se mueven por imitación. En vez de seguir las pisadas de Jesús, siguen las pisadas de líderes prominentes convirtiéndose, en la mayoría de los casos, en sus sombras. Las tendencias no las da el Evangelio, sino esos mentores que imponen las «modas evangélicas».

5. Por miedo a confundir y generar sicosis. Por pensar que se puede producir lo contrario a lo que se espera. Esto muy bien puede pasar, pero si el ministro es equilibrado, también mostrará equilibrio en esto. Si es desequilibrado podrá querer hacer del ministerio de liberación o de con-

frontación, «EL MINISTERIO DE LA IGLESIA». Ningún ministerio debe ser mayor o menor que otro, todos deben ser desarrollados por igual. Porque cuando un ministerio se hace público en deterioro de otro, se produce un gran desequilibrio. Jesús todo lo hacía en su tiempo y en orden, con total naturalidad porque en los asuntos del Reino todas las cosas tienen su debida importancia.

6. Por creer que se le da más gloria al diablo. También esto puede ocurrir, todo depende del equilibrio. La doctrina del dualismo está a la puerta. Según a quien le atribuyamos la victoria (a Dios o al diablo) se llevará la gloria.

7. Por atribuirlo todo al campo de la siquiatría. Muchos han perdido la sensibilidad por la gran mundanalidad que ha invadido a la Iglesia. Han hecho del evangelio una ciencia social que sirve solo para cambiar el estado de las personas. Han perdido la visión de un mundo que está bajo el poder del demonio (véase 1 Juan 5.19). A esto es a lo que Pablo llama que nuestros sentidos fueron extraviados. Cuando el único sentido que sirve para la fe es el de oír, muchos escogen y valoran el sentido de la vista. Viven por lo que ven, cuando lo espiritual es intangible. ¡Cuidado, todo lo que no procede de la fe es pecado!

9. Por asumir una actitud cómoda, y nada esforzada. Toda confrontación involucra compromiso y lucha. Dios bendice y ve con mucho agrado a quien se esfuerza y es valiente. Los cobardes no entrarán en el Reino de los cielos. No agradan a Dios los pusilánimes, ni los perezosos, ni los que se dejan intimidar con facilidad.

R. Escandón dijo: «La mejor arma contra la ignorancia es el estudio.» Y Salomón escribió: «El alma sin ciencia no es buena» (Proverbios 19.2). De eso se trata justamente.

Un pueblo informado puede ejercer la autoridad delegada por Jesucristo. Un pueblo ignorante solo puede esperar ser destruido o caer en la apostasía (véase Oseas 4.6). Hoy el debate sobre la ley de educación en la Argentina tiende a modificar todo el proceso educativo. A consecuencia de ello se fomentará más la ignorancia. Será muy fuerte el trauma que marcará a toda la generación de principio de siglo. No nos olvidemos que el régimen último será totalitario. El Anticristo ejercerá un control monopolístico y para que eso suceda debe haber una nueva cultura en donde muchos sean llevados de manera sumisa.

Aparte de mencionar los motivos que algunos líderes han fijado para no enseñar al pueblo específicamente sobre el tema, también quiero mencionar los motivos que actúan para que muchos líderes mantengan a gusto al pueblo en ignorancia.

1. Para manipular al pueblo ignorante. Sarmiento dijo: «De los maestros depende que haya en la humanidad un conjunto de esclavos o una asociación de hombres libres.» Un pueblo ignorante es fácilmente engañado y destruido.

2. Porque no quieren pagar el precio de la capacitación. Abraham Flexner, pedagogo norteamericano, dijo: «La filosofía actual de la educación tiende a desacreditar el esfuerzo.» Creo que una actitud de indolencia amerita un comentario. A propósito, transcribo lo que leí en un diario de Luján que me indignó de manera extraordinaria: «Con frecuencia», dice Jeremías Gonnella Basualdo, un católico, «veo pasar un anciano que ha sido declarado pastor y no ha terminado la escuela primaria ... El Espíritu Santo exige un esfuerzo humano inteligente para dar su iluminación y su

gracia. Entonces no se puede entender que hombres ignorantes puedan explicar sin esfuerzo alguno y sin preparación adecuada un libro con siglos de antigüedad.»

3. Por caer en el conformismo. A los tales le recomendamos la advertencia de Santa Teresa: «La tierra que no es labrada llevará abrojos y espinas aunque sea fértil; así el entendimiento del hombre.» Para todo hay que esforzarse, pero para no conformarse hay que esforzarse el doble. Es muy fácil entrar en la corriente de este mundo y adaptarnos a su manera (véase Efesios 2.1-2).

4. Por creer que el Espíritu nos capacita independizándonos del estudio esforzado. También que el estudio es peligroso. Pablo expresó: «Porque la letra mata, pero el espíritu vivifica» (2 Corintios 3.6). Y Francisco Petrarca, antiguo poeta italiano, dijo: «Los libros llevaron a algunos a la sabiduría, a otros a la locura». Noto una aviesa indiferencia para el estudio y la capacitación en no pocos líderes. ¿Qué ejemplo nos están dando?

5. Por inseguridad personal del líder que no quiere que otros líderes se desarrollen. Quiere la distinción de clases dentro de la iglesia. Porque donde hay educación, no hay diferencias de niveles. Algunos tienen temor de ser superados o menoscabados por otros. Claro, no nos olvidemos que el conocimiento en el necio envanece. Es un riesgo que se debe correr. De todos modos, Dios respaldará a sus ungidos y nosotros debemos pagar el precio.

6. Por pretensiones egoístas y enfermizas de autosuficiencia y omnipotencia. Como dijo Schiegel: «El hombre sin educación es la caricatura de sí mismo.» Esta actitud es por ignorancia. Frena el crecimiento de la iglesia y el desarrollo de dones, y condena el ministerio a posibilidades muy limitadas. Depende solo de quien la lidera.

7. Por temor a que muchos se fijen en cosas que sin advertirlas quedan ocultas. Así lo explicó Samuel Johnson: «El fin supremo de la educación es el experto discernimiento en todas las cosas, la facultad de distinguir lo bueno de lo malo y lo falso.»

«Conviene aprender», como dijo Ovidio, «hasta del enemigo.» Y el enemigo utiliza muchos métodos. Infiltra su ponzoña por todos los medios posibles, pero utiliza principalmente el método que estamos tratando de revalorizar aquí, la enseñanza. Observemos los materiales pedagógicos que utilizan las escuelas. Hay todo un lenguaje ocultista que tiene que ver con duendes, hechizos, magos, brujas, maldiciones, trabajos, espíritus, fantasmas, médium, astrología, talismanes y fórmulas mágicas de la suerte. Todos estos términos y muchos más son los que figuran en los libros de textos primarios. El diablo sabe bien que educando a los niños no tendrá necesidad de enfrentar a los hombres.

Por eso es imposible no enardecerse ante la apatía de algunos que creen que ya están completos como para seguir recibiendo educación. Rompamos en oración los yugos inmundos del diablo que frenan la capacitación del pueblo de Cristo. Ayunemos para destruir esas fortalezas pero no desistamos en el empeño de hacer que todos vengan al conocimiento pleno de Jesucristo.

Creo firmemente que el pastor o el líder que no fomente la educación, la lectura entre sus miembros y los cursos de capacitación es un enemigo de la causa de Cristo y sirve diligentemente a Satanás porque la ignorancia es la forma principal de ocultismo que existe. Esta provoca oscurantismo en la iglesia y en el mundo, y termina arrastrando a la destrucción a un pueblo que no está preparado por el consejo sabio de Dios.

Capítulo 2

La idolatría

Cuando la gente trata de deshacerse de las imágenes (de Dios) semejantes al hombre, o «antropomórficas» como se dice, lo único que consigue es cambiarlas por imágenes de otra especie.
C.S. Lewis.

Es tan sutil el engaño del diablo que muchos no se dan cuenta. El contexto tercermundista generó un folklore que es parte de una cultura idolátrica y perversa. En cada esquina o lugar alto se erige un altar a algún santo o deidad, fruto de la acción colonizadora. Ahí se mezclaron culturas muy diferentes como la europea y la indígena autóctona de Latinoamérica. Por ejemplo, en Bolivia, un ídolo adorado por los nativos llamado «Ekeko», que según creían los indios servía para proteger sus hogares de malos espíritus, hoy es adorado por muchos católicos bolivianos.

El ídolo que en tiempos pasados era objeto de veneración únicamente por los indios, hoy es aceptado por todas las clases sociales. Rara es la familia que no tenga acomodado en un sitio visible de sus habitaciones un «Ekeko» cubierto de dijes y pequeños instrumentos, u objetos de arte diminutos, en quien confían los moradores de la casa creyendo que atraerá la buena suerte al hogar y evitará que les sobrevengan infortunios.[1]

Uno cree que estas creencias son más comunes en las áreas rurales. Sin embargo, encuentran cabida en cualquier sector social. Se suma a ello la gran confusión por la falta de conocimiento bíblico, y muchos que poseen ciertos conocimientos no se alarman de manera tal que puedan combatir el problema. Tiene razón Erich Fromm cuando dice: «Si las iglesias fueran la representación no solamente de las palabras, sino del espíritu de los diez mandamientos o de la regla de oro, podrían ser fuerzas potentes que impidieran la regresión al culto de los ídolos.»

Pablo dice en 1 Corintios 8 que se hacen sacrificio a los ídolos (v. 4), que los ídolos para nada sirven (v. 4), que la gente está habituada a tener ídolos (v. 7), que «eviten por todos los medios cualquier tipo de idolatría» (1 Corintios 10.14, LBD), y que los ídolos son demonios: «¿Qué digo, pues? ¿Que el ídolo es algo, o que sea algo lo que se sacrifica a los ídolos? Antes digo que lo que los gentiles [los que en ese tiempo no eran judíos y no seguían a Jesucristo] sacrifican, a los demonios lo sacrifican, y no a Dios; y no quiero que vosotros os hagáis partícipes con los demonios» (1 Corintios 10.19-20; véanse también Levítico 17.7; Apocalipsis 9.20-21).

Muchas son las recomendaciones de la Ley sobre el tema. Los antiguos debían guardarse de actuar a la manera de las naciones paganas. No debían tampoco erigir ídolos a los cuales se les atribuía cierto poder sobrenatural. Dios le advirtió a Moisés que «no se hagan ningún ídolo ni figura de las que el Señor su Dios les ha prohibido, pues Dios es celoso, un fuego consumidor».

Un texto guía

Hechos de los Apóstoles 19.23-41 nos relata la confrontación que tuvo Pablo con la idolatría. Veamos cuales son las partes que intervienen en esta práctica maligna: Hay una parte que tiene que ver con los fabricantes de ídolos, que son codiciosos (vv. 24-27). También hay otra parte que involucra al pueblo idólatra, que son ignorantes (vv. 28-29). Y por último, la parte que corresponde a los ídolos, que son generalmente imágenes de una falsa divinidad, a las cuales se las adora (v. 35).

Muchas pueden ser las motivaciones que una persona tiene para erigir un ídolo y adorarlo. Pero lo cierto es como dice Pablo, que «cambiaron la verdad de Dios por la mentira, honrando y dando culto a las criaturas antes que al Creador, el cual es bendito por los siglos, Amén» (Romanos 1.25). Por ejemplo, la explicación más sencilla que da la Iglesia Universal del Reino de Dios[2] (tal vez sea la que todos manejan para creer de esa manera) es que un objeto que se puede ver ayuda a creer. Sin embargo, el creyente fue llamado a vivir por fe y no por vista (2 Corintios 5.7), «y todo lo que no proviene de fe, es pecado» (Romanos 14.23). También que la verdadera adoración se da en espíritu y en verdad (Juan 4.23-24). Quienes necesitan ver para creer, no están adorando en espíritu, ni tampoco en el espíritu de las palabras de Jesús cuando le respondió a Tomás: «Porque me has visto, Tomás, creíste; bienaventurados los que no vieron, y creyeron» (Juan 20.29). En definitiva, son los que han extraviado sus sentidos.

Los fabricantes de ídolos se enriquecen paradójicamente en un ambiente de pobreza aunque no se puede negar que esta práctica también tiene gran cantidad de adeptos en las clases altas. Lucas comenta que «no poca ganancia» (Hechos 19.24), obtenían de este oficio, a tal punto que eran ricos (v. 25). Y tenían temor de que el «negocio venga a desacreditarse» (v. 27).

Donde ministro como pastor, vivo rodeado de mucha idolatría. La ciudad de Luján, es centenaria, con una población aproximada de 90.000 habitantes, a 70 Km al oeste de Buenos Aires, Capital de la República Argentina. Según la creencia popular este es el lugar que eligió la Virgen María para quedarse a vivir. En 1930 se declara a la Virgen de Luján Patrona de tres Repúblicas: Argentina, Uruguay y Paraguay.

Su basílica es visitada por miles de turistas (peregrinos) cada mes, superando los 4.000.000 anuales, que constituyen uno de los principales ingresos de la población. Luján es la capital de la fe católica argentina. Como dice una publicación católica: «El Hogar de la virgencita de Luján es el lugar de encuentro con Dios y con los hombres.» Como en Éfeso, hay un templo, el de la gran diosa Diana. Se le llama majestad, se venera en toda Asia y el mundo entero, y se vitorea: «¡Grande es Diana de los efesios!» (Hechos 19.28). Esto mantenía al pueblo bajo la pleitesía de los demonios.

Es notorio lo que sucede aquí en Luján. Algo que no vi en otros lugares a menos que sea como este. En las iglesias evangélicas ni existen profesionales ni empresarios, lo que demuestra la humilde condición social de sus miembros. Todo esto, sin duda, se debe a una imagen que el diablo se encargó de establecer y por muchos años nadie intentó revertirla, lo cual frenó el crecimiento de la iglesia. He comprobado personalmente que lo mismo ocurre en los lugares donde hay una base del culto a los ídolos, como Caacupé

(Paraguay) y, Nosa Senhora de Aparecida (Brasil). En un ambiente tan católico, lo curioso es que una persona de alta condición social y cultura no tiene ningún problema en bañarse con sangre en una casa extremadamente precaria en medio del monte, por un brujo, para que le cambie la suerte, y cuando es invitada a visitar nuestro templo, se horroriza y dice: «No puedo porque soy católica, apostólica y romana.» ¡Que perversión!

Veamos lo que dice Dios sobre los que fabrican ídolos:

Se avergüenza de su ídolo todo fundidor, porque mentirosa es su obra de fundición, y no hay espíritu en ella (Jeremías 10.14).

El carpintero tiende la regla, lo señala con almagre, lo labra con los cepillos, le da figura con el compás, lo hace en forma de varón, a semejanza de hombre hermoso, para tenerlo en casa. Corta cedros, y toma ciprés y encina, que crecen entre los árboles del bosque; planta pino, que se críe con la lluvia. De él se sirve luego el hombre para quemar, y toma de ellos para calentarse; enciende también el horno, y cuece panes; hace además un dios, y lo adora; fabrica un ídolo, y se arrodilla delante de él. Y hace del sobrante un dios, un ídolo suyo; se postra delante de él, y le ruega diciendo: Líbrame, porque mi dios eres tú. No saben ni entienden; porque cerrados están sus ojos para no ver, y su corazón para no entender. No discurre para consigo, no tiene sentido ni entendimiento para decir: Parte de esto quemé en el fuego, y sobre sus brasas cocí pan, asé carne, y la comí. ¿Haré del resto de él una abominación? ¿Me postraré delante de un tronco de árbol? (Isaías 44.13-19).

Por cuanto convirtieron la gloria de su ornamento en soberbia, e hicieron de ello las imágenes de sus abominables ídolos, por eso se lo convertí en cosa repugnante (Ezequiel 7.20).

El pueblo idólatra es ignorante y cómodo. Por eso dice el Señor: «Convertíos, y volveos de vuestros ídolos, y apartad vuestro rostro de todas vuestras abominaciones» (Ezequiel 14.6). Y el apóstol Juan dice: «Guardaos de los ídolos» (1 Juan 5.21). Tiene razón Alberto Mottesi cuando dice que: «Las idolatrías sofisticadas son el amor al dinero y a la comodidad, la mentalidad de consumo, la lujuria sexual, y todo placer que solo satisface nuestro ego.» Yo agrego, la familia, los hijos y también la profesión son motivo de adoración de muchos creyentes. Así lo dijo Spurgeon: «No solo en Éfeso había fabricantes de ídolos. Los hay en todo el mundo. Todos somos maestros en el arte de construir templillos para Diana, para el Yo, o para algún otro ídolo. A veces, hasta de las cosas buenas hacemos ídolos: Idolatramos nuestro trabajo para el Señor, en lugar de adorar al Señor mismo. Es muy fácil andar corriendo de un lado a otro, y muy difícil sentarnos a los pies del Maestro.» Tienen muchas cosas en primer lugar antes que a Dios (véase Mateo 6.33). He notado también una gran apatía por lo convencional o lo ortodoxo en el pueblo que confiesa una religión oficial. Por eso no es extraño que una persona por más que confiese tener su propia religión meta sus narices en otra. Y aún después de haberse constituido como devota de la nueva, siga manteniendo su identificación con la anterior. Y en algunos casos convive con las dos sin ninguna dificultad. Recordemos que el amor a Dios es exclusivo.

Esto es ignorancia, viene a ser un poco como lo explica el libro de Reyes: «Temían a Jehová, y honraban a sus dioses» (2 Reyes 17.33). Lo más triste es que los líderes religiosos aunque se dan cuenta no ponen límite a esta degeneración. No les conviene por varias razones: Hay toda una sociedad que los incriminaría como culpables. También dejarían de lucrar con la venta de los ídolos. Y nunca podrían reivindicar tantos siglos de impunidad espiritual. También podría suceder lo mismo que en Éfeso: «Y la ciudad se llenó de confusión y a una se lanzaron al teatro ... Unos gritaban una cosa y otros otra; porque la concurrencia estaba confusa» (Hechos 19.29,32). Entiendo que la conveniencia manda en este caso. En caso contrario tendría que provocarse la catástrofe del nuevo nacimiento de la religión. ¡Borrón y cuenta nueva!

Los ídolos sirven para traer confusión y ceguera al pueblo (Hechos 19.29-32). Desvían a las personas del camino de salvación y los llevan por caminos inciertos. Básicamente los ídolos son imágenes de personas o cosas. Quienes consideran a las imágenes, dicen que dirigen su adoración al espíritu que estas representan. Según la iglesia católica, «puesto que la adoración que se da a una imagen llega a la persona a la que esta representa, y ahí termina, la misma clase de adoración que le corresponda a la persona puede rendírsele a la imagen como representación de la persona».[3]

Dios determinó categóricamente como proceder con las imágenes. Prohibió su fabricación, prohibió su adoración, y prohibió su preservación. Dijo: «No te harás imagen, ni ninguna semejanza de lo que esté arriba en el cielo, ni abajo en la tierra, ni en las aguas debajo de la tierra. No te inclinarás a ellas, ni las honrarás; porque yo soy Jehová tu Dios» (Éxodo 20.4-5; Deuteronomio 4.25-26; Levítico 26.1; Jeremías 10.3-10; Salmo 78.58). Y todas «las esculturas de sus dioses quemarás en el fuego» (Deuteronomio 7.25).

A modo de conclusión

Donde hay mucha idolatría, también hay convocatoria de demonios. No se puede considerar ese lugar como cualquier otro. No me refiero a la idolatría a la cual hacía referencia anteriormente Mottesi, sino a la que abiertamente se destaca como un altar de invocación a cualquier falsa divinidad. En ese lugar hay otro tipo de confrontación, la estrategia no es la misma. Las órdenes de batalla se dan de otra manera diferente a la convencional. Por eso quien no sepa como trabajar en un lugar que ha sido consagrado al diablo y donde emisarios (la simiente del diablo, los fabricantes de ídolos) sirven como intermediarios, perderá mucho tiempo. Y aun peor, puede ser herido y castigado por no estar prevenido. Digo esto, porque es alto el índice de deserción de pastores y líderes que se encuentran en esas zonas rojas, infectadas por el ocultismo (Oseas 4.12; 5.4).

Capítulo 3

María: La reina del cielo

Que quede claro, no vamos a hablar de María, la que fuera madre de Jesús, sino del ídolo de María. Este ídolo penetró en la conciencia del pueblo y ocupó el lugar que debiera ocupar la Divinidad. Dios dijo del pueblo de Israel: «Hijo de hombre, estos hombres han puesto sus ídolos en su corazón, y han establecido el tropiezo de su maldad delante de su rostro» (Ezequiel 14.3-5). A esto se refiere Pablo cuando dice que «cambiaron la verdad de Dios por la mentira, honrando y dando culto a las criaturas antes que al Creador» (Romanos 1.25). Lo mismo se hace ahora con Gilda, la famosa cantante argentina fallecida. Ella murió, pero sus seguidores la veneran, le rinden culto delante de su tumba, le prenden velas, y le tributan gloria. Sin embargo, ella no tuvo ninguna participación en todo lo que ahora se hace en su nombre. Tampoco María, quien está en el cielo disfrutando de la gloria eterna junto a su padre y su hijo Jesucristo. Pero seguramente estará llorando por ver todo lo que se hace en su nombre. Que la llamen Madre de Dios, Reina del Cielo, o Madre de la Iglesia y de toda la humanidad, Reina de la paz, María auxiliadora, Cooperadora de la redención, Excelsa Hija de Sion, etc. Dondequiera que la Iglesia Católica se ha establecido, ha absorbido algo de los cultos y prácticas idolátricas de los pueblos que ella pretendía evangelizar. De los egipcios adoptó la adoración a Isis, la diosa madre del dios Horus y reina de los cielos. Ese culto es como el que hoy se le tributa a la Virgen María. Peter Wagner cree, y es mi creencia también, que la adoración a María proviene de Diana de los efesios, la diosa de la luna, por la expresión «a quien venera toda Asia, y el mundo entero» (Hechos 19.27).

La que fuera virgen, y concibió a Jesús por obra y gracia del Espíritu Santo, fue una sola. Sin embargo, hoy son infinidades de vírgenes que sirven como ídolos para desviar la fe del pueblo ignorante de la verdad de las Escrituras Bíblicas. Las hay de diferentes nombres, tamaños y colores, como también de formas. Por nombrar algunas de las más famosas, mencionemos la de Itatí, la de Fátima, la de Luján, la de Caacupé, la de Guadalupe, la del Carmen, la del Cobre, la de Warszawa, la Del Valle, la de Czestochova, la de Aparecida, la de Zebrzydozka, la del Rosario, etc. Aparecen por todas partes como para alentar la fe del pueblo que las venera. De esta manera, el diablo se viste como ángel de luz para distraer y confundir a las multitudes. Como sucede exactamente con la supuesta aparición de los platillos voladores.

El apóstol Pablo advierte que nadie nos debe engañar. Y dice con énfasis:

Mirad que nadie os engañe por medio de filosofías y huecas sutilezas, según las tradiciones de los hombres, conforme a los rudimentos del mundo, y no según Cristo (Colosenses 2.8).

En el año 1985, Jean Luc Godad hizo la película «Dios te salve, María». Muy polémica, y cuestionada por los católicos ortodoxos. El Papa Juan Pablo II dijo que la película vilipendiaba el valor histórico y cultural, y afectaba el sentimiento de los creyentes. En Latinoamérica los obispos recomendaron que no se proyectara, bajo amenazas de muerte. No por una acción de parte de ellos, sino por temor al pueblo que pudiera descontrolarse por no soportar que se ofenda su fe.

El 8 de diciembre de 1854 surge el dogma de la inmaculada concepción de María. Este era el artículo de fe: «Debido a la gracia y privilegio especial de Dios Todopoderoso, y en virtud de los méritos de nuestro Señor Jesucristo, la muy bienaventurada virgen María fue concebida, desde el primer momento, de una manera inmaculada: Libre de toda mancha del pecado original.» Mucho antes, cuando los canónigos de la catedral de Lyon introdujeron, el día 8 de Diciembre de 1139, la fiesta de la inmaculada concepción de María, Bernardo de Clairveaux protestó enérgicamente en contra de dicha innovación, diciendo que con el mismo argumento, se tendría que conmemorar la concepción de la madre, la abuela y la bisabuela de María y así sucesivamente hasta Eva.

En el año 1950, el Papa Pío XII, declara la asunción de la virgen María. A partir de ahí se da lo que se llama «Mariología», el estudio de María que desató la «Mariolatría». En el escalafón de reverencia, «latría» es adoración solo para Dios, «hiperdulía» adoración para la virgen, y «dulía» adoración a los santos. A María, aunque sea del grado de hiperdulía, todo el mundo sabe que es «latría» la que se le ha asignado. Como lo explica el siervo de María, Gabriel Roschini: «Debemos demostrar a María nuestra veneración de tres maneras: Con los *sentimientos*, nutriendo hacia ella la mayor estimación; con las *palabras*, exaltándola cuanto nos es posible; con las *obras*, desvelándonos a fin de hacerla venerar por todos.»[1] Entonces la Mariolatría es un estado de reverencia que se interpreta como adoración a Dios mismo.

«El general Belgrano —como lo cuenta Juan Mackay— nombró a la Virgen de las Mercedes comandanta y jefa de su ejército, y en el 1812, entrega a la Virgen las banderas de los realistas. En tanto que San Martín declaró a la Virgen del Carmen patrona del ejército con que cruzó los Andes y penetró en Chile. Ambos generales celebraron impresionantes ceremonias de dedicación en el curso de las cuales cada uno de ellos puso su bastón de mando en manos de la imagen de "Nuestra Señora". Incidentalmente, este acto de los generales argentinos nos ofrece evidencia adicional del hecho de que en la historia de la religión en Sudamérica, Cristo se iba identificando cada vez menos con lo viril y progresista. Cristo era el Señor de la muerte. Los hombres sanguíneos, arrebatados por una pasión por la vida y la libertad, hallaban su inspiración religiosa en la figura de la virgen que no murió jamás.»[2]

Recordemos que Dios no tiene parangón. Aunque todo el mundo nombra a la virgen a la par de Dios cuando dicen: «Si Dios quiere y la virgen.»

En Argentina comienzan los famosos congresos Marianos en toda la nación, y se llama a la virgen María de varias maneras. Como Madre de Dios y mediadora del hombre, con un carácter singular porque es siempre virgen, se proclama que conviene que todo se adapte a ella, y comienza a recibir gloria como Dios en todo el mundo. Pronto la veneración a María anula la de Cristo y se termina reconociéndola como Madre del universo, y de todos los hombres.

Una mujer diosa en la historia universal

Ahora, si estudiamos la historia universal, encontraremos a muchas mujeres diosas madres.

En el mundo antiguo, todas las culturas tenían una mujer como diosa regente.

- En Egipto Isis, la diosa madre del dios Horus y reina de los cielos.
- En la india, Tíbet, Japón y China, estaban la diosa Devaki y Chrisna.
- En Babilonia estaban Semiramis y Tamús.
- En Roma estaban Venus y Júpiter.
- En Grecia estaba Afrodita.
- En Israel, Fenicia y Sidón, estaban Asera o Astarte y Baal.
- En Escandinavia, estaban Disa y su hijo.

Una mujer diosa en Éfeso

En Jeremías se presenta a la reina del cielo (Jeremías 7.18; 44.17). Estos pasajes son curiosos, porque Dios manda a que no se ore por ese pueblo. Generalmente esto sucede cuando ya no hay más remedio. Son situaciones de la vida que desagradan profundamente a Dios. Allí se cumple la Palabra cuando dice que «por más que tengan ojos, no van a ver, y por más que tengan oídos no van a oír».

Algo que nos llama la atención es que el foco antiguo del Cristianismo mundial fue Éfeso, hoy Turquía. Actualmente es Roma. Pero, ¿a partir de cuándo el poder espiritual se mudó a Roma? ¿Por qué Roma? Todos los emperadores más crueles que recuerda la historia eran romanos. Por lo tanto, Roma era totalmente pagana, supersticiosa y cruel. Según mi modo de entender, son dos los datos históricos que podemos ver para que eso sucediera.

El primero de ellos está en la ciudad de Éfeso

En Éfeso, estaba la famosa Diana o Artemisa, la diosa de la luna (Hechos 19.34). La imagen de Diana era la de una mujer con mucho busto y una luna. El apóstol Pablo pudo destruir el poder de ese ídolo que afectaba a toda Asia. ¿Qué provocaba ese ídolo donde quiera que era adorado? Pues el ejemplo está en Hechos 19. Quizás sea este el pasaje con más detalles de eventos sobrenaturales. Se destacan:

- Incredulidad (v. 9).
- Sanidades espectaculares (vv. 11,12).
- Ejercicio de exorcistas ambulantes (v. 13).
- Posesiones demoníacas abundantes (v. 15).
- Supersticiones (v. 18).
- Magia (v. 19).
- Demetrio tenía casa de santos (v. 24-25).
- Ídolos y fetiches (v. 26).
- Adoración pagana (v. 27).

El segundo evento está en el decreto de Constantino, en el siglo IV

Durante los primeros tres siglos, la persecución ayudó al Cristianismo a conservarse puro y relativamente libre de hombres maliciosos.

Luego sucedió lo que parecía ser un triunfo, pero en la realidad produjo resultados desastrosos en la Iglesia. En el año 312 d.C., el emperador Constantino vio en el cielo una cruz luminosa con las palabras latinas: *«In hoc signo vinces»* (Con esta señal vencerás). En la batalla puso su fe en el Dios de los cristianos y triunfó. De inmediato, puso fin a la persecución y a partir de entonces apoyó el Cristianismo, haciéndolo la religión oficial de todo el imperio Romano. También convocó el Concilio de Nicea, en el cual se adoptó el Credo Apostólico, y donde los dirigentes de la Iglesia en todas las provincias se reunieron para fortalecer su organización.

La decadencia de la Iglesia empezó cuando millares de personas se bautizaron y fueron recibidas como miembros de ella sin haberse convertido verdaderamente, limitándose a añadir a su fe en los dioses paganos, la adoración al Dios de los cristianos. Hubo hombres ambiciosos y sin escrúpulos que empezaron a buscar posiciones en la Iglesia para obtener influencia social y política, o para gozar de los privilegios y del sostén que el Estado proveía para el clero. De esta manera, las formas, los ritos, las ceremonias y las creencias del paganismo se iban infiltrando en la Iglesia Cristiana. Los verdaderos hombres de Dios protestaban enérgicamente contra tales cosas, pero ya se había iniciado una larga historia de asociación con otras religiones que apartaría a la Iglesia Católica Romana del camino verdadero.

Por corrupción de la revelación original, se extendió por todas partes una religión idólatra que le rendía culto a una trinidad celestial: Un Ser supremo, su esposa, «la Reina del Cielo», y su Hijo, el Salvador. La devoción mayor iba dirigida a la Reina del Cielo, desde el norte de África hasta la China, bajo diferentes nombres.

Aunque los cristianos nunca habían orado a María durante los primeros tres siglos del Cristianismo, muchos de los paganos no convertidos que ingresaron en la nueva iglesia imperial la identificación enseguida con Isis, y comenzaron a adorarla llamándola María, Madre de Dios, y Reina del Cielo.

Desde el año 200 a.C. hasta el 376 de la era cristiana, los emperadores romanos habían ocupado el puesto y el título de *Pontífice Máximus* (Sumo Pontífice del Orden Babilónico).

Después que el emperador Graciano se negara a encabezar una religión no cristiana, Dámaso, el obispo de la iglesia cristiana de Roma, fue nombrado para ese cargo y lo aceptó en el año 378. Se unieron así en una persona las funciones del Sumo sacerdote de la apostasía babilónica con los poderes de un obispo cristiano.

Pronto se comenzó a promover abiertamente la adoración a María como Reina del Cielo y Madre de Dios. Se restauraron los templos paganos y se restablecieron los ritos antiguos con un requisito: Que todas las diosas llevaran desde entonces el nombre de María, hasta que en el año 381 d.C. se organizó el culto a la virgen María.

En el desarrollo de la adoración de María como Reina del Cielo, se empezó a enseñar que ella había nacido de forma milagrosa; que Dios la había conservado completamente libre de toda mancha del pecado original, y al fin de su vida terrenal, la había llevado corporalmente al cielo para hacerla la Reina de hombres y de ángeles. En el año 1854, se aprobó como dogma oficial la doctrina de la Inmaculada Concepción de María, y casi cien años más tarde, en 1950, se promulgó como dogma la doctrina de su Asunción.

A esto podemos anteponer la opinión de algunos de los padres de la Iglesia, creyentes en contra de esta doctrina. San Agustín dijo: «María murió por causa del pecado original, transmitido desde Adán a todos sus descendientes.» Santo Tomás de Aquino también se expresó al respecto: «La bienaventurada Virgen María, habiendo sido concebida por la unión de sus padres, ha contraído el pecado original.» Y por último, Epifanio dijo: «Ella fue una virgen honrada por Dios; pero no nos fue dada para ser adorada, sino que ella misma adoró a Aquel que fue nacido de ella según la carne.»

¿Quién fue María realmente?

Una mujer como cualquier otra, distinguida por Dios. Judía de nacimiento y respetuosa de la ley (Lucas 1.30). También necesitó de un salvador como cualquier mortal (Lucas 1.47; Romanos 3.23; 6.23). Reconoció a Jesús como su Señor (Juan 2.5). Dejó de ser virgen por dos razones: Primero porque rompió matriz, y segundo, porque Jesús fue solo su primogénito (Lucas 2.7). Esto habla de que desarrolló una familia normal. Tuvo más hijos (Mateo 13.55-56; Hechos 1.14). No puede ser que se haya casado con José y nunca hubiesen tenido relaciones matrimoniales. Aunque los católicos explican esto haciendo diferencia entre dos términos: *«adelfos»* (hermanos), y *«sungenis»* (parientes o primos). Dicen que los hermanos de Jesús de quienes se habla en el Evangelio son los primos, ya que con tal término son generalmente designados estos en la Sagrada Escritura.

Hace varios años, el padre católico John Meier, como presidente de la Asociación Bíblica Católica, dijo en una reunión en la Universidad de Loyola, Marymount, que según fundamentos históricos «la opinión más verosímil es que los hermanos y hermanas de Jesús lo eran literalmente».

Veamos la abundante evidencia bíblica. Observemos estos textos, en todos ellos aparece el término griego *«adelfos»*:

> Y (María) dio a luz a su hijo primogénito (el primero), y lo envolvió en pañales, y lo acostó en un pesebre, porque no había lugar para ellos en el mesón (Lucas 2.7).

> Y despertando José del sueño, hizo como el ángel del Señor le había mandado, y recibió a su mujer; pero no la conoció hasta que dio a luz a su hijo primogénito; y le puso por nombre Jesús (Mateo 1.24-25).

Aunque se mencione «primogénito», los católicos dicen que este término identifica al primero de los hijos, sea que fuese seguido por otros posteriores, o no.

> Entonces su madre y sus hermanos vinieron a él; pero no podían llegar hasta él por causa de la multitud. Y se le avisó, diciendo: Tu madre y tus hermanos están fuera y quieren verte. Él entonces respondiendo, les dijo: Mi madre y mis hermanos son los que oyen la palabra de Dios, y la hacen (Lucas 8.19-21).

Mientras él aún hablaba a la gente, he aquí su madre y sus hermanos estaban afuera, y le querían hablar (Mateo 12.46).

Aconteció que cuando terminó Jesús estas parábolas, se fue de allí; y venido a su tierra, les enseñaba en la sinagoga de ellos, de tal manera que se maravillaban, y decían: ¿De dónde tiene éste esta sabiduría y estos milagros? ¿No es éste el hijo del carpintero? ¿No se llama su madre María, y sus hermanos, Jacobo, José, Simón y Judas? ¿No están todas sus hermanas con nosotros? (Mateo 13.53-56).

Vienen después sus hermanos y su madre, y quedándose afuera, enviaron a llamarle (Marcos 3.31).

Después de esto descendieron a Capernaum, él, su madre, sus hermanos y sus discípulos; y estuvieron allí no muchos días (Juan 2.12).

Estaba cerca la fiesta de los judíos, la de los tabernáculos; y le dijeron sus hermanos: Sal de aquí, y vete a Judea, para que también tus discípulos vean las obras que haces. Porque ninguno que procura darse a conocer hace algo en secreto. Si estas cosas haces, manifiéstate al mundo. Porque ni aun sus hermanos creían en él (Juan 7.2-5).

¿No tenemos derecho de traer con nosotros una hermana por mujer como también los otros apóstoles, y los hermanos del Señor, y Cefas? (1 Corintios 9.5).

Después, pasados tres años, subí a Jerusalén para ver a Pedro, y permanecí con él quince días; pero no vi a ningún otro de los apóstoles, sino a Jacobo el hermano del Señor (Gálatas 1.18-19).

¿Por qué lloran algunas de las estatuas de la virgen María?

Si la estatua llora, es por manifestación demoníaca. Es un acto sobrenatural para que los simples crean y se desvíen de la fe correcta. Para que en vez de poner su vista en Jesús como dice la Palabra en Hebreos 12.2, la pongan en ese ídolo. Pero si María la que fue madre de Jesús, llora en el cielo, es por ver las atrocidades que se cometen en su nombre. Estas son algunas de las razones:

1. Por hacerla Madre de Dios. Este es el título que le dio el concilio de Éfeso en 431. Esto contradice las Escrituras, porque solo fue madre de Jesús. Porque el Señor Jesús fue la única persona que, desde el punto de vista humano, tuvo una madre pero no tuvo un padre; y desde el punto de vista espiritual, tiene un Padre, pero no tiene una madre. Esto indica sus dos naturalezas: la humana y la divina. Nunca María podría haberle trasmitido naturaleza divina, por haber nacido de padres como cualquiera de nosotros. (Esto niega la doctrina de su inmaculada concepción definida como dogma en 1854.) Desdichadamente, el Catolicismo, por influencia gnóstica y de una secta llamada colidirianos en el siglo sexto, comenzó a exaltar a María y a adorarla. Para rebatir todas estas ideas falsas, Dios dice de sí mismo:

«Aún antes de que hubiera día, yo era» (Isaías 43.13). «Así dice Jehová Rey de Israel, y su Redentor, Jehová de los ejércitos: Yo soy el primero y yo soy el último, y fuera de mí no hay Dios» (Isaías 44.6). Y Pablo dice de Jesús: «Él es la imagen del Dios invisible, el primogénito de toda creación. Porque en él fueron creadas todas las cosas, las que hay en los cielos y las que hay en la tierra, visibles e invisibles; sean tronos, sean dominios, sean principados, sean potestades; todo fue creado por medio de él y para él» (Colosenses 1.15-16). Y Jesús dice de sí mismo: «Yo soy el Alfa y la Omega, el primero y el último» (Apocalipsis 1.11).

En realidad, nada puede oponerse a que el Hijo de Dios sea también el hijo de José así como también de María, porque cuando el evangelio menciona que Dios envió a su hijo nacido de una mujer, utiliza el término *«gune»*, que significa «mujer» y no *«parthenos»*, que significa «virgen». A pesar de todo, la creencia en la concepción virginal de Jesús es un axioma de la fe cristiana, porque así lo dice la Biblia. Pero sostener lo mismo para María, es afectar la doctrina universal de que todos hemos sido destituidos de la gloria de Dios, y necesitamos la redención que solo puede efectuar Jesús.

2. Por querer hacerla corredentora con Cristo. Para los católicos, así como Eva acompañó a Adán en la caída, así también María acompaña a Jesús en el rescate de la humanidad. Actualmente se cuenta en círculos católicos, que han llegado al Vaticano 4.000.000 de firmas de creyentes pidiéndole al Papa que declare a María «corredentora con Cristo». Cuando la Biblia dice que solo hay un mediador entre Dios y los hombres, Jesucristo Hombre, y no María (1 Timoteo 2.5). «No hay otro nombre bajo el cielo, dado a

los hombres, en que podamos ser salvos», mas que el de Jesús (véase Hechos 4.12).

3. Por propagar la doctrina de su ascensión sin ver muerte. Aunque es una creencia antigua, no deja de ser una suposición piadosa que la tradición impuso. El Papa Pío XII, el 1º de noviembre de 1950, lo definió como un artículo de fe revelado por Dios. Mucho antes, el Papa Benedicto XIV declaró en 1740 que no existían argumentos suficientes como para darle ese rango. Si bien circularon diferentes escritos, todos fueron considerados como espurios por el Papa Gelasio I al final del siglo quinto. Esta doctrina solo tiene valor (para los católicos) por creer razonable que el cuerpo que permitió que el cuerpo sagrado del Salvador viniese al mundo, no viese al final de sus días corrupción.

4. Por hacerla intercesora por los hombres. En los documentos del Vaticano II, se estableció que «María ... al ser tomada al cielo, no dejó a un lado su papel salvador, sino que sus múltiples actos de intercesión continúan para obtener a favor nuestro dones de salvación eterna» (*The Documents of Vatican II* [Los documentos del Vaticano II], por Walter M. Abbot, S.J., Editor, Guild Press, 1966, p. 91).

5. Por ser frecuentemente más destacada que la Trinidad. Tan solo observar la cantidad de fiestas en su honor lo demuestran:

- 11 de febrero: Virgen de Lourdes.
- 23 de febrero: Fiesta de la Realeza de María.
- 25 de marzo: Anunciación.
- 31 de mayo: Visitación.
- 16 de julio: Virgen del Carmen.
- 15 de agosto: Asunción de María.
- 8 de septiembre: Nacimiento de María.

- 15 de septiembre: Virgen dolorosa.
- 7 de octubre: Virgen del Rosario.
- 21 de noviembre: Presentación de la Virgen.
- 8 de diciembre: La inmaculada Concepción de María.

Por último la pregunta es: ¿A Cristo por María? o, ¿A Cristo como María? La respuesta es obvia. Pues, entonces, no dejemos de orar para que la «Reina del Cielo» sea destronada y los cimientos de la idolatría se diluyan, a fin de que la verdadera cultura bíblica se imponga en los entornos de mayor influencia católica, y para que en definitiva no exista más esa forma perversa e idolátrica de apelar a Dios.

Capítulo 4

La adivinación

La voraz curiosidad del hombre ha despertado una fiebre por conocer el futuro. Como dice Kurt Koch, lo tratan de lograr por medio de la astrología, la cartomancia, la quiromancia, la vara, el péndulo, la bola de cristal, la catoptromancia, y la sicometría[1]. Aquí se ponen de manifiesto las famosas «mancias»[2], las artes de adivinar el pasado, el presente y el futuro. También existen otras formas, como la grafología (mediante el análisis de escrituras), la iriología (observación del iris del ojo), la lectura de hojas de té, la rabdomancia (con una vara en un campo se trata de encontrar minerales y agua bajo tierra; a los practicantes de estos últimos géneros se les llama los «brujos del agua») y la numerología, entre otras.

Dentro de la supuesta llamada ciencia sobrenatural de la adivinación, encontramos cuatro ramas bien marcadas. La telepatía, o la capacidad de captar lo que está en la mente de otra persona, la clarividencia, o la percepción de objetos o hechos que suceden en el mismo momento, la precognición, o la capacidad de anticipar hechos futuros, y la retrocognición, o la posibilidad de conocer hechos del pasado.

Un estudio de la Cámara de Diputados bonaerense reveló que el veintidós porciento de las personas cree que hay gente que puede adivinar el futuro. La adivinación es el esfuerzo por emplear medios sobrenaturales para descubrir los acontecimientos sin influir en ellos. Hay objetos, técnicas y elementos que participan en esta práctica.

Pero también hay una prohibición bíblica: «No seréis agoreros, ni adivinos ... No os volváis a los encantadores ni a los adivinos; no los consultéis, contaminándoos con ellos: Yo Jehová vuestro Dios» (Deuteronomio 18.10,11; Levítico 19.26,31). Este fue el principal motivo por el cual Saúl fue desechado. Desechó la palabra de Jehová (1 Samuel 15.24-26), y la palabra de Dios era y sigue siendo muy clara: «Porque como pecado de adivinación es la rebelión, y como ídolos e idolatría la obstinación» (1 Samuel 15.23). «Así murió Saúl por su rebelión con que prevaricó contra Jehová, la cual no guardó, y porque consultó a una adivina, y no consultó a Jehová; por esta causa lo mató, y traspasó el reino a David hijo de Isaí» (1 Crónicas 10.13-14).

También las Escrituras mencionan algunas formas que se practicaron para adivinar. Por ejemplo: Adivinación por imágenes (Génesis 31.19), adivinación por la copa (Génesis 44.5), adivinación por los muertos (Levítico 19.31), adivinación por saetas (Ezequiel 21.21), adivinación por el hígado (Ezequiel 21.21), adivinación por vara (Oseas 4.12) y adivinación por los astros (Amós 5.26).

En Filipos, Pablo se topó con una adivina. Lucas nos lo cuenta:

Aconteció que mientras íbamos a la oración, nos salió al encuentro una muchacha que tenía espíritu de adivinación, la cual daba gran ganancia a sus amos adivinando. Esta siguiendo a Pablo y a nosotros, daba voces, diciendo: Estos hombres son siervos del Dios Altísimo, quienes os anuncian el camino de salva-

ción. Y esto lo hacía por muchos días; mas desagra-
dando a Pablo, éste se volvió y dijo al espíritu: Te
mando en el nombre de Jesucristo, que salgas de ella.
Y salió en aquella misma hora (Hechos 16.16-18).

Podemos ver claramente que sin la presencia de un espíritu inmundo, no hay adivinación. Son espíritus inmundos
que pueden estar en un lugar donde se divulga un secreto, o
que se proyectan astralmente y cuando vuelven a la persona
traen nuevas revelaciones. Si como creyente creemos en la
revelación que el Espíritu Santo trae, ¿por qué negar esta
posibilidad? Son los espíritus inmundos los que revelan a
los emisarios del diablo los secretos de las personas. Por
eso no es extraño que sepan muchas cosas y que se les tome
inmediatamente como adivinos. Desde este punto de vista
también podemos pensar que si una gran nube de testigos
nos rodea, entre estos testigos puede haber muchos que no
sean amigos nuestros. Watchmam Nee dice: «Aunque el
espíritu del hombre esté muerto para Dios, puede perma-
necer tan activo como la mente o el cuerpo. Dios lo considera muerto, pero todavía es muy activo en otros aspectos.
En ocasiones el espíritu de un hombre caído puede incluso
ser más fuerte que su alma o su cuerpo y puede conseguir el
dominio sobre todo el ser. Estas personas son "espirituales", de la misma manera que la mayoría de las personas son
anímicas o físicas, porque sus espíritus son más grandes
que los de la gente corriente. Estos son las brujas y los hechiceros. Es cierto que mantienen contacto con el mundo
espiritual, pero lo hacen por medio de espíritus diabólicos,
no por el Espíritu Santo. De este modo, el espíritu del
hombre caído se alía con Satanás y sus espíritus diabólicos.

Está muerto para Dios, pero ciertamente muy vivo para Satanás y sigue a los espíritus diabólicos que trabajan en él.»[3]

Entonces, Satanás anda como león rugiente alrededor buscando a quien devorar. También lo hacen sus secuaces malignos. Por eso cuidado, lo que digas en secreto saldrá a la luz (Mateo 10.26-27). Una buena medida de precaución es pedir a Dios que nos asista con una multitud de ángeles y que el lugar sea cubierto con la sangre de Jesús. Después hablar tranquilos. Otra es orar fervientemente para que Dios cumpla su Palabra: «Yo Jehová, que lo hago todo, que extiendo solo los cielos, que entiendo la tierra por mí mismo; que deshago las señales de los adivinos, y enloquezco a los agoreros; que hago volver atrás a los sabios, y desvanezco su sabiduría" (Isaías 44.24-25).

Las diferentes «mancias»[4]

Aeromancia. Arte de adivinar por medio de los fenómenos de la atmósfera. Se practicaba de diferentes maneras. Por medio de rayos, truenos, meteoros, y los diferentes aspectos del cielo.

Alectromancia. Adivinación por medio del gallo. Se formaba un círculo en el suelo, dividido en casillas, en cada una de las cuales se escribía una letra del alfabeto, colocándose encima de ella una grano de trigo. Hecho esto, se ponía un gallo en medio del círculo y se observaban los granos que iba comiendo y por el orden que lo hacía, con cuyas letras se formaba una palabra de la que se deducían luego los pronósticos.

Aleuromancia. Adivinación que se practicaba por medio de la harina. Se ponían tarjetas arrolladas en un montón de harina, moviéndolo nueve veces de una parte a otra; se repartía en seguida la masa a los diferentes curiosos y cada uno razonaba o soñaba según la tarjeta que le había tocado en suerte.

Alftomancia. Adivinación por medio del pan de cebada. Consistía en hacer comer al sujeto, de quien se quería obtener una confesión, un pedazo de pan o torta hecho de harina de cebada sobre la que se habían practicado ciertas ceremonias supersticiosas. Si el que la comía la digería sin trabajo manifiesto, era considerado inocente, y si sucedía lo contrario, se le consideraba culpable.

Alomancia. Adivinación por la sal, cuyos poderes son bastantes conocidos. Asegura que derribar un salero es de muy mal augurio, pues los antiguos creían que la sal era sagrada y divina.

Amniomancia. Especie de adivinación que se hacía por medio de la membrana con que algunas veces se halla envuelta la cabeza de los niños al nacer. Las matronas predicen el futuro del recién nacido con la inspección de esta membrana, anunciando que la criatura tendrá un feliz destino si esta es de color gris plomo. Los abogados compraban antiguamente estas membranas a precios desorbitados ya que al poseerlas, según se creía, tendrían sus causas el éxito esperado y un final feliz. De ahí el dicho «nació vestido», que se aplica a un hombre a quien todo le sale bien.

Antropomancia. Adivinación por medio de la inspección de las entrañas humanas. Esta horrible práctica era ya conocida mucho tiempo antes de Homero. Refiere Herodoto que, detenido Menelao por vientos contrarios en Egipto, sacrificó a su bárbara curiosidad a dos niños del país y buscó en sus palpitantes entrañas la aclaración de su destino.

Apantomancia. Se llamaba así a la adivinación sacada de los objetos o cosas que se presentan de improviso. Tales con los presagios que se sacan del encuentro de una liebre, de un águila o de un gato negro.

Aritmomancia. Adivinación por medio de los números. Se distinguían dos especies: la primera estaba en uso entre los griegos, los cuales consideraban de manera muy seria el número y el valor de las letras de que se componían los nombres. Por ejemplo, respecto de dos combatientes aseguraban que aquel cuyo nombre contaba mayor número de letras y tuviera más valor, reportaría una victoria. Por esta razón decían que Héctor debía ser vencido por Aquiles. La otra forma de adivinación era conocida de los caldeos, los cuales dividían su alfabeto en tres décadas, compuesta cada una de siete letras, las que atribuían a los siete planetas para sacar presagios. Los platónicos y los pitagóricos eran muy dados a esta especie de adivinación.

Armomancia. Adivinación practicada por la inspección de la espalda. Aún hoy día se juzga que un hombre de espaldas anchas es más apto para los combates de amor que uno de pecho estrecho.

Astragalomancia. Adivinación por los dados. Se toman los dados marcados como de costumbre con los números 1, 2, 3, 4, 5 y 6, las doce caras. Se puede arrojar si se quiere un dado solo o dos a la vez. ¿Quieres adivinar un negocio que le embaraza o penetrar los secretos del porvenir? Se empieza dibujando la pregunta sobre un papel que se ha pasado por el humo de la madera de jengibre; luego coloque este papel con lo escrito mirando para abajo, encima de la mesa, de manera que lo escrito no se vea y tire los dados. Escriba las letras a medida que se vayan presentando, y combinándose le darán la contestación que busca.

Axinomancia. Adivinación por medio del hacha de un leñador, con la cual algunos predijeron la ruina del templo de Jerusalén, como se ve en el Salmo 73.

Belomancia. Adivinación por medio de flechas. Los que recurrían a ella tomaban muchas flechas sobre las que se escribían contestaciones relativas a determinado proyecto, mezclando las respuestas favorables con las contrarias; en seguida se sacaban por suerte, y la que salía era considerada como que era la voluntad de los dioses a quienes se precisaba, por todas partes, a contestar mil veces al día sobre las más frívolas preguntas de los indiscretos mortales. Antes de las expediciones militares era cuando, principalmente, se hacía más uso de la belomancia.

Botanomancia. Adivinación por medio de hojas o ramas de verbena o brezo, sobre las que los antiguos grababan los nombres y preguntas de los consultantes. Se adivinaba de esta manera: cuando hacía un fuerte viento por la noche, iban a ver muy de mañana la posición de las hojas caídas, y los adivinos predecían o declaraban por aquel medio lo que el pueblo deseaba saber.

Brisomancia. Adivinación por la inspiración de Brizo, diosa del sueño, o sea, arte de adivinar las cosas futuras u ocultas por medio de los sueños naturales.

Cafeomancia. Adivinación por medio de las borras del café.

Caomancia. Arte de predecir el futuro por medio de las observaciones que se hacen sobre el aire.

Capomancia. Adivinación por medio del humo. Los antiguos se valían de ella muy frecuentemente; quemaban verbena y otras yerbas sagradas y observaban el humo de este fuego, las figuras y la dirección que tomaban para hacer presagios. Se distinguían dos especies de capomancia:

una se practicaba echando algunos granos de jazmín o de adormidera, y se observaba el humo que salía; la otra, que era la más usada, se hacía del modo que hemos indicado, y consistía también en examinar en el humo de los sacrificios. Cuando era ligero y poco denso, se tenía por buen agüero. Los practicantes de este ritual respiraban el humo y creían que recibían inspiraciones.

Cartomancia. Adivinación por medio de los naipes o cartas de jugar.

Catropomancia. Adivinación por medio de la inspección de los espejos. En esta adivinación se hacía uso de un espejo que se presentaba, no delante de los ojos, sino detrás de la cabeza de un niño al que antes se le habían vendado los ojos.

Ceromancia. Adivinación por medio de la cera que derretían y hacían caer gota a gota en un vaso de agua para hacer, según las figuras que formaban estas gotas, presagios venturosos o aciagos.

Cledonismancia. Especie adivinatoria deducida de ciertas palabras que proferidas y oídas en determinadas ocasiones, era tenida por buen o mal agüero.

Cleromancia. Especie de adivinación por medio de una criba, de un cedazo o de un tamiz. Se colocaba la criba sobre unas tenazas que se colocaban con dos dedos; en seguida se nombraban las personas sospechadas de hurto u otro crimen oculto y se juzgaba culpable a aquella sobre cuyo nombre la criba temblaba o daba vueltas.

Cristalomancia. Adivinación por medio del cristal. Hacían presagios de los espejos, o vasos oblicuos o cilíndricos, o de algunas otras figuras formadas del cristal en las cuales decían que el demonio se albergaba.

Crisomancia. Adivinación por las carnes y tortillas. Se consideraba la parte de las tortas que se ofrecían en sacrificio, y la harina y cebada que esparcían sobre las víctimas para hacer presagios.

Cromniomancia. Adivinación por medio de las cebollas. Los que la practicaban colocaban, en la noche de Navidad, algunas cebollas sobre un altar y escribían encima el nombre de las personas de quienes querían tener noticias. La cebolla que brotaba primero anunciaba que el sujeto cuyo nombre contenía gozaba de perfecta salud.

Dactilomancia. Adivinación que se hacía teniendo un anillo mágico suspendido de un hilo sobre una mesa redonda en cuyos bordes estaban señaladas las letras del alfabeto. El anillo, por medio de sus oscilaciones, señalaba ciertas letras las que después de unidas componían uno o más nombres que servían para dar respuesta a la pregunta hecha.

Dafnomancia. Adivinación por medio del laurel. Se practicaba de dos maneras diferentes: primero se echaba al fuego un ramo de laurel que, si al quemarse hacía ruido, era un buen presagio, pero malo si ardía sin hacer ruido; la segunda consistía en mascar un poco de laurel antes de dar la respuesta con el objeto de que Apolo, a quien estaba consagrado aquel árbol, la inspirase. De este último medio se valían las pitonisas, las sibilas y los sacerdotes de Apolo a los que llamaban dafnefagos, es decir, comedores de laurel.

Eromancia. Una de las seis especies de adivinaciones practicadas por los persas por medio del aire. Se envolvían la cabeza con una servilleta, exponían al aire un vaso lleno de agua y proferían en voz baja el objeto de sus votos. Si el agua llegaba a levantar algunas burbujas, era un pronóstico feliz que aseguraba el cumplimiento de sus deseos.

Demonomancia. Adivinación por medio de los demonios. Tiene lugar por los oráculos que dan y por las respuestas que hacen a los que los invocan.

Esciamancia. Adivinación que consiste en evocar las sombras de los muertos para saber de ellos las cosas futuras. Se diferenciaba de la nigromancia y de la sicomancia, en que no eran el alma ni el cuerpo del muerto quienes aparecían, sino solo su imagen.

Espodomancia. Adivinación que se practica entre los antiguos por medio de las cenizas de los sacrificios. Escriben al anochecer, con la punta del dedo, sobre la ceniza lo que quieren saber, y al día siguiente examinan los caracteres que han quedado inteligibles y de ellos hacen presagios. Algunas veces el diablo se encarga de ir a escribir la respuesta.

Esternomancia. Adivinación por el vientre. Se podían conocer las cosas futuras cuando se obligaba a un demonio o a un espíritu a hablar en el vientre o el cuerpo de un poseído.

Estoiqueomancia. Adivinación que se practicaba abriendo los libros de Homero o de Virgilio, obteniendo un oráculo del primer verso que se presentaba.

Estolisomancia. Adivinación que se sacaba por el modo de vestirse. Augusto se persuadió de que le había sido presagiada una sedición militar la mañana antes que sucediera, porque su criado le había atado la sandalia izquierda de otro modo diferente de como se debía atar.

Filodomancia. Adivinación por medio de las hojas de una rosa. Los griegos hacían chasquear en la mano una hoja de rosa, y por sus resultados juzgaban el éxito de sus amores.

Gastromancia. Especie de adivinación que se practicaba encendiendo muchas velas que se ponían detrás de algunos vasos llenos de agua. El que pretendía valerse de estas adivinaciones hacía observar la superficie de los vasos por un niño o por una mujer joven que estuviese encinta, los cuales daban las contestaciones según lo que creían observar dentro del vaso por medio de la refracción de la luz.

Geomancia. Adivinación por la tierra. Consiste en arrojar un puñado de polvo en el suelo o encima de una mesa para juzgar acerca de los acontecimientos futuros por las líneas y figuras que resultan de esta acción.

Hidromancia. Arte de predecir el porvenir por medio del agua; invención debida a los persas. Se distinguen muchas especies.

Hipomancia. Adivinación que estaba en uso entre los celtas, los que sacaban sus pronósticos de los relinchos y movimientos de unos caballos blancos criados en unos bosques sagrados con todo esmero y veneración a expensas del pueblo, alimentados en el templo de sus dioses y que hacían salir antes de declarar la guerra a sus enemigos. Cuando el caballo empezaba a andar con el pie derecho, el agüero era favorable; cuando salía con el pie izquierdo, era mal presagio, y renunciaban a la empresa.

Ictiomancia. Adivinación muy antigua que se practicaba por medio de pescados. Si los pescados se aproximaban y comían rápidamente la carnada, era buen agüero, lo contrario era fatal.

Keflonomancia. Adivinación que se practica haciendo varias ceremonias sobre la cabeza de un asno. Ponen sobre carbones encendidos la cabeza de un asno, recitando plegarias y pronunciando los nombres de aquellos de quienes sospechan han cometido algún delito, y observan el momento en que las mandíbulas se juntan. El nombre pronunciado en ese instante designa al culpable.

Lampadomancia. Adivinación por medio de la forma, color y oscilación de la luz de una lámpara.

Lecanomancia. Especie de adivinación que se hacía por medio de unas piedras preciosas y unas láminas de oro y plata, en las que había grabados ciertos caracteres los cuales se ponían en el fondo de un vaso lleno de agua, practicando en seguida sobre él varias supersticiones.

Libanomancia. Adivinación por medio del incienso. Se tomaba el incienso, después de haber hecho las súplicas relativas a lo que se pretendía, y se echaba en el fuego a fin de que su humo elevase las plegarias hasta el cielo. Si debían conseguir lo que se deseaba, el incienso se consumía luego o daba una llama viva, pero si al contrario, eran vanas las súplicas de los que rogaban, el incienso parecía huir del fuego y tardaba en humear. Este oráculo servía para predecirlo todo, menos las cosas relativas al matrimonio y la muerte.

Licnomancia. Adivinación por medio de la llama de una lámpara. Cuando la chispa se separa del pabilo, anuncia una noticia procedente de la parte a donde fue la chispa.

Litomancia. Adivinación por medio de las piedras. Consistía en hacer chocar muchas piedras, y si el sonido era más o menos agudo, creían que anunciaba la voluntad de sus dioses. Utilizaban algunas veces anillos en lugar de piedras.

Margaritomancia. Adivinación por medio de las perlas. Se coloca una en un fogón, a la orilla del fuego, cubriéndola con un vaso puesto boca abajo y se le dirigen preguntas pronunciando los nombres de aquellos de quienes se sospecha han robado alguna cosa; en el momento en que se dice el nombre del ladrón, la perla da un salto hacia arriba y rompe el fondo del vaso para salir; así es como se llega al conocimiento del culpable.

Miomancia. Adivinación por medio de las ratas o ratones. Hacían presagios siniestros de sus chillidos o de su voracidad.

Nigromancia. Arte de evocar los muertos o adivinar las cosas futuras por la inspección de los cadáveres.

Oculomancia. Adivinación con el objeto de descubrir un ladrón examinando el modo de volver los ojos, después de ciertas prácticas supersticiosas.

Ocnomancia. Adivinación por el vino, ya sea considerando su color, bebiéndolo u observando sus más pequeñas circunstancias para deducir presagios. Los persas fueron quienes más se dedicaron a esta especie de adivinación.

Ofiomancia. Adivinación por medio de las serpientes. Consistía en sacar predicciones de los diferentes movimientos que hacen las serpientes. Tenían tanta fe en estos presagios, que alimentaban expresamente serpientes para conocer el porvenir.

Olicmancia. Adivinación sacada del aullido de los perros.

Omomancia. Adivinación por medio de las espaldas, entre los rabinos. Los árabes adivinan por las espaldas de carnero, las cuales, por medio de ciertos puntos que llevan marcados, representan varias figuras geométricas.

Onicomancia. Adivinación por las uñas. Se practicaba frotando con hollín las uñas de un mancebo quien las presentaba al sol, imaginando ver en ellas figuras que daban a conocer lo que se deseaba saber.

Onomancia. Adivinación por medio de los nombres, muy usada entre los antiguos. Los pitagóricos suponían que los espíritus, las acciones y los sucesos de los hombres eran conformes a su destino, a su genio y a su nombre.

Ovomancia. Adivinación por medio de los huevos. Los antiguos veían en la conformación exterior y en la forma interior de un huevo los más recónditos secretos del provenir.

Ornitomancia. Adivinación sacada del canto, grito y vuelo de los pájaros.

Partenomancia. Adivinación si se es virgen. Mídase con un hilo el cuello de una doncella; mídase de nuevo, y si esta vez se encuentra más grueso, es señal de que ha perdido la virginidad.

Pegomancia. Adivinación por los manantiales. Se practicaba arrojando cierto número de piedras en el agua, cuyos movimientos se observaban, o sumergiendo vasos de vidrio y examinando los esfuerzos que hacía el agua para entrar en ellos arrojando el aire. La pegomancia más célebre es la adivinación por medio de los dados, que se practicaba en la fuente de Arpona, cerca de Padua. Se arrojaban los dados en el agua para ver si flotaban o se hundían, y qué número daban, sobre lo cual un adivino explicaba el porvenir.

Petchimancia. Adivinación por los cepillos y látigos. Cuando un vestido no se puede espolvorear, señal es de lluvia.

Piromancia. Adivinación por medio del fuego.

Sicomonacia. Adivinación por medio de los espíritus.

Quiromancia. Adivinación por la inspección de las líneas de la mano.

Rabdomancia. Adivinación por medio de los palos, la cual es una de las más antiguas supersticiones. Para practicarla, Se despojaba de su corteza a lo largo de un lado y en toda su longitud un gajo, lanzándolo luego al aire; si al caer presentaba la parte pelada, era tenido por buen augurio, y lo contrario si presentaba la parte opuesta.

Rapsodomancia. Adivinación que se practicaba abriendo al azar algún poema y tomando el pasaje que se encontraba por predicción de lo que se deseaba saber.

Sicomancia. Adivinación por medio de las hojas de la higuera en las que se escribían las preguntas sobre las que se querían respuestas, y cuanto más tardaba la hoja en secarse, más favorable era la contestación.

Sideromancia. Adivinación que se practicaba con un hierro hecho ascuas sobre el cual se colocaban, con cierto arte, un número de pajuelas que se quemaban lanzando reflejos, como las estrellas.

Tiromancia. Adivinación que se hace por medio de los ídolos.

Bibliomancia. Adivinación que se usaba antiguamente para conocer los hechizados. Consistía en poner en un plato de la balanza a la persona sospechada de magia y en el otro la Biblia con algún peso. Si la persona pesaba menos era consideraba inocente; si pesaba más era tenida por culpable.

Cleidomancia. Adivinación por medio de las llaves. Se enroscaba alrededor de una llave un billete que contenía el nombre de la persona sospechosa, y se colocaba en una Biblia que una joven virgen tenía en la mano. El adivino murmuraba en voz baja el nombre de las personas sospechosas y veía el papel desenroscarse y moverse lentamente.

Teomancia. Parte de la cábala de los judíos que estudia los misterios de la divina majestad y busca los nombres sagrados. El que posee esta ciencia, sabe el porvenir, manda a la naturaleza, tiene pleno poder sobre los ángeles y los demonios, y puede hacer milagros.

Capítulo 5

Las supersticiones

Alguien dijo: «No soy supersticioso porque trae mala suerte.» Desde tiempos remotos esta creencia contraria a la razón y extraña a la fe ha hecho permeable la conciencia humana. Ni distingue cultura, ni condición social, ni aun religión. Forma hábitos y determina comportamientos sociales. Nadie escapa a este patrón cultural que ha permanecido de generación en generación. Por eso no es extraño que muchos eviten pasar por debajo de una escalera y después, cuando se les pregunta la razón, no recuerden haberlo hecho. Varias son las razones que se pueden determinar para este tipo de proceder. He aquí algunas de ellas:

1. La persona supersticiosa tiene sensibilidad para las cosas vanas y superficiales. Hay personas que tienen una mente vana, gustan de todo lo superficial y de todo lo frívolo. No nos olvidemos que el mundo está sujeto a vanidad. Pascal también lo dijo: «Quien no ve la vanidad del mundo es que él es, en sí mismo, muy vano.» Para ellos hay consecuencias. «Los que siguen vanidades ilusorias, su misericordia abandonan» (Jonás 2.8).

2. La persona supersticiosa tiene pocos principios fundamentados en las Escrituras que rijan su vida. Cuando una persona ha edificado su vida sobre fundamentos de la filosofía mundana, no es extraño que sufra toda clase de mal.

Como se dice en el argot popular: «Igual que el radiador de un auto, agarra todos los insectos.» La Escritura es la que nos permite tener el discernimiento correcto para no equivocarnos y desechar todo lo malo.

3. La persona supersticiosa atiende desmedidamente a lo oculto y sobrenatural. En algunos existe una atracción desmedida para lo prohibido, lo oculto y lo pecaminoso. Tiene que ver con la rebeldía. Cuanta más determinación hay por decreto, más provocación hay por curiosidad y el deseo morboso de transgredir la ley.

4. La persona supersticiosa ignora los principios fundamentales de una religión que marque la moral y la ética. Generalmente los que tienen identidad con una religión tienen un marco de vida. La conducta está trazada por los parámetros de dicha práctica religiosa. Aquellos que son antirreligiosos o rebeldes han formado su propia religión. Y como la búsqueda de la satisfacción personal y de la paz es inacabable, meten sus narices en todo lo nuevo, tienen comezón de oír y experimentar nuevas doctrinas, aun las doctrinas de demonios.

5. La persona supersticiosa tiene compromisos con los asuntos del azar. Quienes viven intentando ganar con la suerte en los asuntos de azar, adoptan la creencia de que fuerzas ocultas operan para bendición o maldición. Los tales se entregan a practicar cualquier conjuro o emitir cualquier deseo, o aun invocan como si fuera al aire nada más, ignorando que muchos demonios reciben sus órdenes por las señales y contraseñas que ellos elaboran para obtener un favor. De ahí viene luego el mayor compromiso con Satanás que termina con un «pacto» a cambio de fortuna, poder o sexo.

6. La persona supersticiosa posee principios anárquicos. Esto se considera rebeldía y también egocentrismo, lo que podemos interpretar como la deificación del yo, el adquirir independencia de Dios. Es aquel que se cree sabio en su propia opinión, que se considera el centro de todo y la referencia obligatoria de todo lo permitido. Una persona así se encuentra bien cerca del diablo. Por eso la influencia que el maligno pueda ejercer en alguien así no es difícil.

7. La persona supersticiosa se ve atraída frecuentemente hacia los talismanes y objetos mágicos. Solo los ignorantes cambian el orden. Las personas propensas a estas prácticas son generalmente aquellas que están faltas del conocimiento bíblico. Pablo dice que han cambiado el orden, dejaron de amar al Creador y amaron la creación. Ampliaremos más este concepto.

Con estas características cualquier persona es supersticiosa. En el subconsciente se permite el asentamiento de cualquier principio. Es muy diferente en quien disciplina su mente y desecha todo pensamiento dañino. Este posee criterios claros y concretos sobre una creencia fundamental y bíblica. Sin duda, el riesgo que corre este tipo de personas con la superstición es mínimo. Hasta puede desechar rápidamente toda práctica por más habitual que sea por considerarla peligrosa para la salud espiritual y síquica. Otros, por el contrario, son altamente influenciables por: El uso de plantas o jabón de ruda «para la buena suerte» (la ruda es una planta herbácea de la familia de las rutáceas originaria de la región mediterránea, cuyas hojas están profundamente divididas en segmentos ovales y flores de color amarillo. N. del E.), colgar estampitas detrás de la puerta, tener una calavera para su protección, colgar una herradura detrás de la puerta o una cruz en el cuarto para ahuyentar a los espíritus, derramar agua bendita, tener escondidas ciertas semillas en la casa, creer que ciertos días traen desgracias como el viernes 13, martes 13 y el domingo 7, creer que barrer de noche trae mala suerte; comprar sal de noche, pasar debajo de una escalera, coser de noche, cruzarse con un gato negro, creer en el mal de ojo, las aves de mal agüero, creer que ciertas cosas nos avisan que llegará una visita, que alguien se va a morir, que habrá una desgracia, etc.

Según Carol Orsag[1], estas son algunas de las supersticiones más comunes:

Los estornudos

Cuando uno se encuentra en presencia de otra persona en el momento en que esta estornuda, hay que protegerla del peligro diciendo: «¡Jesús!» o «Gesundbeit». Otra bendición igualmente aceptable es, por ejemplo: «¡Salud!»

Origen. Antiguamente, el hombre creía que en su aliento estaba su alma, la «esencia de la vida». Cuando Dios creó al hombre «sopló en sus narices el hálito de la vida». La expulsión brusca de aquel aliento —el estornudo— equivale a expulsar la vida del cuerpo. Además, deja un vacío en la cabeza que podrían ocupar los espíritus del mal. Los ciudadanos romanos temían al estornudo en la época cuando sobre su ciudad se abatió una plaga durante el reinado del Papa Gregorio el Grande. Como veían el estornudo como signo evidente de la proximidad de una enfermedad, fue el Papa Gregorio quien instituyó el uso de la frase «Dios te bendiga» para proteger a quienes estornudaban contra los peligros de la enfermedad.

Levantarse de la cama saliendo por el lado izquierdo

Salir de la cama por el lado izquierdo de esta acarreará malos humores a quien así proceda y lo empujará a la desgracia para todo el resto de la jornada. *Levantaos de la cama por el lado derecho y posad en tierra el pie derecho en primer lugar. Si acaso erraseis, volved a la cama y rectificad.*

Origen: Los romanos consideraban malo el lado izquierdo. El ciudadano que penetraba en casa de su amigo, lo primero que ponía en ella era el pie derecho. Había familias opulentas que contaban incluso con un servidor encargado de que los invitados entrasen correctamente. La palabra «siniestro», que indica malo o perverso, deriva de la palabra latina que sirve para designar el lado izquierdo. Esto es afirmado por el parasicólogo Favio Serpa cuando dice: «En el infierno sólo se puede virar hacia la izquierda, pues es en la izquierda que, en cualquier parte, está situado todo Mal.»[2] Puede ser que esta creencia se desprenda por la descripción que hizo Cristo de que los cabritos o perdidos irían a su izquierda (véase Mateo 25:33).

Romper un espejo

Trae siete años de mala suerte o puede causar la muerte de un miembro de la familia. *Si se rompe un espejo, sacadlo de la casa y, a ser posible enterradlo (para contrarrestar las consecuencias negativas).*

Origen. Antes de que se inventaran los espejos, el hombre contemplaba su imagen, su «otro yo» en los estanques, lagos y pantanos. Cuando la imagen aparecía distorsionada, era signo de que se acercaba un desastre. Los espejos metálicos, y por ello irrompibles, utilizados por los egipcios y griegos primitivos, eran objetos estimados por sus mágicas virtudes. Al ser introducidos los espejos de vidrio, los romanos endilgaron al espejo roto el rótulo de mal augurio. El período durante el cual se suponía que duraría el maleficio, siete años, se originó en la creencia, viva entre los romanos, de que el cuerpo humano se rejuvenecía cada siete años, etapa tras la cual uno se convertía de hecho en un hombre nuevo.

Derramar sal

Cuando uno es víctima de este dilema, no tiene que coger un pellizco de sal y echarla por encima del hombro izquierdo, «directamente en la cara del diablo».

Origen. En otros tiempos la sal era una mercancía rara y costosa. Como tal, suponía un despilfarro económico derramarla. La sal, además, era purificadora, conservadora, y simboliza las cualidades buenas y perdurables de la vida. Se mezclaba con los alimentos utilizados en las ceremonias religiosas tanto entre griegos y romanos. Una fuente de esta superstición es la Santa Cena de Leonardo da Vinci, donde el traidor Judas, accidentalmente, derrama la sal sobre la mesa.

Pasar por debajo de una escalera

Si uno pasa por debajo de una escalera, desata sobre sí la ira de los dioses. Cuando uno, por descuido, comete este error, deberá cruzar inmediatamente los dedos y formular un deseo.

Origen. La escalera que se apoya en una pared forma con esta y el suelo un triángulo. Este triángulo significa la Santísima Trinidad y penetrar en este ámbito sacro y cerrado constituye una ofensa punible. Aparte de esto, cruzar esta zona prohibida debilita los poderes de los dioses y desata los de los espíritus del mal.

Encontrar un gato negro

Hay que evitar el camino que sigue el gato negro. Si uno se cruza en tu camino, regresa a casa.

Origen. Los egipcios rendían culto al gato y castigaban a todo aquel que se atrevía a matar a alguno. No obstante, durante la Edad Media el gato negro estaba vinculado a las brujas y a Satanás. Como se creía que uno de los poderes de las brujas era el de transformarse en gatos, se pensaba que el gato que se cruzaba en el camino de uno podía ser una bruja disfrazada.

De allí viene la ailurofobia (temor a los gatos). Napoleón sufría de este mal.

Abrir un paraguas dentro de una casa

Los paraguas deben ser utilizados únicamente fuera de la casa. No atenerse a esta norma atrae sobre sí la «justa cólera del sol».

Origen. Los paraguas ya se usaban en el Oriente nada menos que en el siglo XI antes de Cristo. Los miembros de la jerarquía política y religiosa no solo los utilizaban como medida de protección contra los cálidos rayos del sol, sino también como divisa que los protegía contra cualquier espíritu que pudiera dañarles. Debido a la sagrada relación entre el paraguas y el sol, no conviene abrirlo en lugar cubierto.

El trébol de cuatro hojas

La rareza de la planta (en otros tiempos) contribuía también a aumentar su valor, aunque en la actualidad se encuentran semillas que dan únicamente tréboles de cuatro hojas. Un antiguo adagio habla de la buena suerte que reporta el trébol:

Una hoja para el buen nombre,
Otra para la riqueza,
Otra para el fiel amante,
Otra para la salud,
Suman en total el trébol de cuatro hojas.

Origen. Al ser expulsados Adán y Eva del Jardín del Edén, Eva arrancó un trébol de cuatro hojas (que abundaban en el Jardín) para llevarse consigo un recuerdo de los días pasados en el Paraíso.

La herradura de caballo.

Existen tres teorías:

1) San Dunstan, herrero de oficio, encontró al demonio en su puerta. El Diablo pretendía que lo herrase. Dunstan, reconociendo al «malvado», lo amarró y puso manos a la obra causando grandes dolores a su cliente. El Diablo se puso a gritar pidiendo misericordia y Dunstan lo soltó, aunque solo cuando el diablo le prometió no volver a entrar nunca en una casa protegida por una herradura.

2) Las brujas cabalgaban en escobas, porque tenían un miedo mortal a los caballos. De ahí que la herradura de caballo sea una buena protectora contra las brujas.

3) Las herraduras son de hierro, metal de la buena suerte y tienen forma de cuarto lunar, que también es signo de prosperidad.

El almirante Lord Nelson mandó clavar una herradura en el palo mayor de su nave. También el presidente Harry S. Truman tenía colgada una en la puerta de su despacho de la Casa Blanca.

La pata de conejo

El hombre admiraba antiguamente al conejo: su astucia en la caza, su habilidad para ocultarse bajo tierra, sus encuentros con otros conejos en las noches de luna. El hombre se sentía particularmente admirado ante su velocidad, consecuencia de sus poderosas patas traseras. El conejo pasó a convertirse en signo de buena suerte y su pata trasera en codiciado amuleto.

Viernes trece

No corras riesgos ni intentes nuevas empresas en viernes trece. Históricamente, el viernes es un día calamitoso. Algunos dicen que Jesús murió en viernes. Y que también Eva sedujo a Adán con una manzana en un viernes y que el acontecimiento bíblico del Diluvio se inició en aquel día fatal. El número trece es catastrófico. Representa —según el antropólogo Brenneis— el número de comensales de la Santa Cena. Los filósofos y matemáticos griegos lo despreciaban por «imperfecto». La mitología escandinava dice que se encontraban congregados doce dioses cuando Loki, espíritu del mal y de la disensión, irrumpió en el banquete (convirtiéndose en el invitado decimotercero) y dio muerte a Balder, el más reverenciado de todos los dioses.

Tocar madera

El significado religioso de la madera proviene de la crucifixión de Cristo en la cruz. El hombre, en otros tiempos, temía al rayo que se abatía sobre el bosque y creía que el dios del trueno habitaba en un roble. Dar golpes en la madera garantiza que la buena suerte no cesará.

Protegerse con el ajo (Véanse amuletos, fetiches y talismanes).

Para Alan Dundes, de la Universidad de California Berkeley, estudioso de las tradiciones y leyendas populares e internacionalmente conocido, «una de la razones de la vigencia de la superstición es la carencia de una religión organizada que hace que la gente busque alternativas ... Todas estas creencias son como la Ley de Murphy. Si algo puede salir mal, saldrá mal. Es como una forma de codificar científicamente el error ... la superstición es un producto de la ansiedad por temas básicos como el amor, la muerte, y la salud.»[3]

Creo también que es la búsqueda del poder que hace que una persona se someta a estos ritos. Hacer predecible el futuro. No permitir que nada ni nadie rompa la buena racha. Es como ponerse de acuerdo con fuerzas invisibles que garanticen la seguridad y el bienestar.

El filósofo Spinoza, dice de ellos: «Quieren hacer a la naturaleza entera cómplice de su delirio, y fecundos en ridículas ficciones, la interpretan de mil modos ... Se ve en esto que los hombres más ligados a todo género de supersticiones son los que desean sin medida bienes inciertos. Cuando un peligro los amenaza, no pudiendo socorrerse ellos mismos, imploran el socorro divino con lágrimas y plegarias; llaman ciega a la razón, que no puede en efecto indicar un camino seguro hacia los humanos objetos de sus apetitos, y cosa inútil a la sabiduría humana y en cambio los delirios de la imaginación, los sueños, las puerilidades de todo género son a sus ojos la respuesta que da Dios a sus súplicas ... La causa verdadera de la superstición que la conserva y que la mantiene es, pues el miedo ... Podría citar infinidad de ejemplos que prueban del modo más claro que la

superstición no entra en el corazón de los hombres sino
con el miedo, y que todos estos objetos de falsa adoración
no son sino fantasmas, hijos de un alma tímida que la triste-
za arroja al delirio ... y no proceden de la razón, sino de las
pasiones más fuertes.»[4]

Esta otra forma de religión, es idolatría. Quienes viven
pendientes de estos detalles para respetarlos, están ligados
a lo oculto y sobrenatural. El diablo sabe esto, y termina
atando a la persona. Luego ocurre lo que menciona Job:
«Lo que temo, eso me llega y lo que me atemoriza eso me
acontece» (Job 3.25). Porque los supersticiosos creen en la
conservación del momento de fortuna tal como esta. Por
eso, se atan a cosas, como ropas, colores, horas, y posiciones, o a las personas a las cuales le atribuyen un poder especial. Cambiar eso, es cambiar la fortuna.

Cuando los supersticiosos conozcan al Dios verdadero
abominarán estas prácticas como Dios lo hace, y confiarán
plenamente en el único que sustenta el universo. Vivirán libres y protegidos, y sin ningún temor a sobresalto noctur-
no.

Capítulo 6

Las medicinas naturales

(Homeopatía)

En tiempos remotos, quienes se entregaban al estudio de las ciencias naturales, las hierbas, las plantas, las piedras juntamente con los astros fueron tachados de brujería. Hoy algunas de estas prácticas se disfrazan de medicinas alternativas. Muchas hierbas daban lugar a los brebajes con los cuales se hacían los hechizos, y también los exorcismos. También algunas servían para las prácticas adivinatorias. No nos olvidemos de la *filodomancia*, que era la adivinación por medio de las hojas de una rosa. Los griegos hacían chasquear en la mano una hoja de rosa, y por sus resultado juzgaban el éxito de sus amores. O la *sicomancia*, adivinación por medio de las hojas de la higuera, en las que se escribían las preguntas sobre las que se querían respuestas, y cuanto más tardaba la hoja en secarse, más favorable era la contestación.

También se menciona que una planta *barath*, cuyo descubrimiento es atribuido a Salomón se aplicaba a la persona poseída, y los demonios salían. O como en el libro de los deuterocanónicos, Tobías 6.2-8; 16-17 y 8.2-3, en donde se menciona que debía sacarse de un pescado el corazón y el hígado y quemarlos mezclados con hiel. El humo ahuyentaría al demonio, y protegería la casa. Sabemos que nada de eso sirve ante el demonio sino solo la autoridad dada por Jesucristo a sus discípulos. «Y estas señales seguirán a los que creen: En mi nombre echarán fuera demonios» (Marcos 16.17).

Con respecto al tema, hoy el ambiente evangélico esta dividido. Algunos combaten estas prácticas, otros las apoyan y se sirven de ella. Que se me entienda bien, no por decir lo anterior condeno el uso correcto de lo que Dios creó. Tampoco la combinación científica que hay de las diferentes particularidades herbarias de las plantas para su uso medicinal. Pero sí la que se hace con un fin esotérico, atribuyendo a la energía cósmica que —según algunos— puede ser manipulada por alguna entidad para el beneficio de la humanidad. Eso es ocultismo. Por ejemplo esta era una oración muy común en Egipto para sanar a un niño: «¡Desvanécete, muerto que vienes de las tinieblas, que entras a escondidas, de nariz aplastada y vuelta la faz...! Desvanécete, frustrado de aquello para lo que has venido! ¡Si vienes para besarlo, no lo permito; para marcarlo, tampoco; para quitármelo, para calmarlo, tampoco! Le he hecho encantamiento contra ti con la lechuga que nace, ajos que te hacen daño, con miel dulce para los hombres, repugnante para los muertos, con las espinas del mormiro, con la espina dorsal del latus (pez del Nilo).»

Según la historia, la homeopatía es una medicina alternativa ideada por el alemán Samuel Hahnemann. Cuya teoría indica que mediante ingestión de la propia enfermedad en dosis muy rebajadas, se obtiene la curación de la enfermedad sin las secuelas de la medicina tradicional. Se denominó a esta ley, «la ley de la similitud». El desarrollo de la misma infiere la salud no solo física, sino espiritual de la persona. Por lo tanto, llegó a atribuírsele más importancia a la «sustancia espiritual» de una droga que a su sustancia física. Ahí es donde reside su principal problema para los cristianos. Pero las teorías de Hahnemann continuaron dando lugar a la segunda ley, «la ley infinitesimal». Esta ley afirma que cuanto más pequeña sea la dosis de un remedio, si se diluye debidamente, estimulará mejor las fuerzas propias del cuerpo para que actúen generando su propia defensa. En cuanto a la evidencia científica, no existe ningún argumento concluyente, excepto el del efecto de placebo[1].

Por ejemplo, J.J. Benítez[2] nos da la descripción de varias plantas que eran utilizadas en el oriente antiguo, y cita a Cratevas, de sobrenombre Rhizotomus (cortador de raíces), quien fuera célebre botánico griego, médico del rey Mitrídates Eupator II de Persia (siglo I a.C.), especialista con relación a las supuestas propiedades curativas y medicinales de las rosas. En esta fuente se inspirarían otros grandes de la antigüedad, tales como Plinio, Dioscórides, Teofrasto y Galeno, así como los herbarios de Grete y Ascham, en 1526 y 1550. Cratevas clasificaba hasta treinta diferentes tipos de drogas, todas ellas derivadas de las rosas. Como Plinio, las calificaba de «astringentes y refrescantes». Describía los procedimientos para obtener el jugo benéfico, asegurando que eran recomendables para el dolor de oídos, úlceras bucales, gargarismos, trastornos rectales, de la matriz y estomacales, jaquecas por calentura, náuseas, insomnio, irritaciones de la entrepierna, inflamación de los ojos, esputos sanguinolentos, diarreas, hemorragias, etc. (*Caballo de Troya*, p. 112). Luego transcribe las virtudes del agua de rosas.

El agua de rosas

La destilación del «agua de rosas» por medio del hervor de sus pétalos producía estos efectos:

- Hojas secas de rosas para aliviar la inflamación de los ojos.
- Flores para adormecer y controlar la menstruación ... Si se añade vinagre y agua, tanto mejor.
- Semilla de color azafrán. Aun no tiene el año. Ideal para las muelas. No conozco un diurético mejor.
- Inhalación para la nariz. Despeja la cabeza y las malas ideas.
- Coronas de rosas. Controla las diarreas.
- Rosas con pan. Santo remedio para la ardentía estomacal.
- Pétalos en polvo. Eliminan el sudor.
- Agallas de rosas mezcladas con manteca de oso. No conozco sarna que lo resista.
- Otra vez agua de rosas. Para heridas y contusiones.
- Esencia de rosas. El mejor tratamiento para la locura.
- Una rosa blanca, con todos sus pétalos de un solo lado. Proporciona un bálsamo que derrota la apoplejía.
- Rosas rojas. Colocadas debajo de la almohada adormecen a los niños inquietos.
- Aceite de rosas con polvo de acacia. Frotado en el cráneo termina con las cefaleas.
- Aceite de rosas con sangre de cocodrilo y miel. Ideal para el dolor de oídos. Contra las enfermedades pulmonares, la tos y el resfriado. Para el control de la se-

xualidad, los desórdenes del corazón y las borracheras.

- Miel, clara de huevo y agua de rosas. Llevo años utilizándolo para curar la ronquera y la falta de voz.
- Esta otra ayuda a conciliar el sueño. Pétalos secos. Si se mezclan con leche y pan alivian el mal de amores.
- Perfume de rosas. Para los desmemoriados (*Caballo de Troya*, pp. 128-129). Con respecto al valor de la rosa, los libros deuterocanónicos la mencionan. Para coronar con sus capullos (Sabiduría 2.8). Como señal de virtud (Eclesiástico 24.18). Como sinónimo de piedad (Eclesiástico 39.17). Como símbolo de confirmación (Eclesiástico 50.8). Se cree que fue tardía su valorización en Palestina.

Las flores de Bach

Los que impulsan esta creencia afirman que el sistema de los 38 remedios por medio de las flores sirve para modificar la personalidad y darle una nueva oportunidad de controlar los diversos malestares en el género humano. Se distribuyen en siete grupos. 1) Para el temor (Heliantemo, Mínulo, Cerasifera, Álamo temblón, Castaño rojo). 2) Para quienes sufren de incertidumbre (Ceratostigma, Scleranthus, Genciana, Aulaga, Hojarazo, Avena silvestre). 3) Para la falta de interés por las actuales circunstancias (Clemátide, Madreselva, Rosa silvestre, Olivo, Castaño blanco, Mostaza, Brote de Castaño). 4) Para los que sufren soledad (Violeta de agua, Impaciencia, Breso). 5) Para los que tienen hipersensibilidad a influencias y opiniones (Agrimonia, Centaura, Nogal, Acebo). 6) Para el abatimiento o la desesperación (Alerce, Pino, Olmo, Castaño dulce, Leche de Gallina, Sauce, Roble, Manzano silvestre). 7) Para excesiva preocupación por el bienestar de los demás (Achicoria, Verbena, Vid, Haya, Agua de Roca).

El Dr. Bach parte de la homeopatía al creer que corrigiendo las actitudes mentales perjudiciales es posible evitar que el mal se haga físico. Bach utilizó sus fórmulas para curar actitudes como de remordimiento o la falta de confianza. Buscar el desarrollo armónico en el individuo para lograr más estabilidad en la personalidad. Este sistema, según Bach, comprende todos los estados negativos básicos del alma y presenta en sí un sistema completo. Él mantiene que «nosotros somos el principio sanador universal» o la fuerza divina sanadora que permite en nosotros mismos la sanidad.

Lamentablemente este tratamiento que ya se usa en todo el mundo por manos profesionales contra malestares psicosomáticos, también está al alcance de todos: curanderos, enfermeros particulares, y aun de aquellos que trabajan en el desarrollo intelectual. No operan con métodos dolorosos, más bien por suaves vibraciones de niveles energéticos, directamente sobre el sistema de energía del hombre. Bach estaba de acuerdo con las corrientes de este pensamiento: «Las enfermedades no existen, sino solo gente enferma.»

Desde luego, se sabe que desde la antigüedad se han usado plantas para curaciones, pero Bach hace la diferencia entre plantas que calman malestares de aquellas que están enriquecidas con poderes sanadores divinos. Estas son de un orden superior en la naturaleza. Bach las encontró por el camino intuitivo, y utilizó un procedimiento potencial similar al que usaban hace siglos los indios. Para librar «el alma» de la planta utilizó el método solar y de cocción.

El procedimiento solar lo empleó con las flores de primavera y verano, sobre las cuales el sol ya ha irradiado toda su fuerza. Las flores son cortadas en un día sin nubes de sol radiante, al cortarlas se pone una hoja entre los dedos para que la flor no toque la piel humana. Las flores son puestas en un recipiente con agua de manantial en reposo al sol, hasta que la esencia haya pasado al agua y cuando esta ya está impregnada es puesta en botellas con alcohol. Así se guarda la energía del Cosmos[3].

El ajo

El ajo[4] posee cualidades curativas. Los rusos hacen ciertos antibióticos con él. Es muy usado dentro del terreno del ocultismo por sus particularidades de protección (véase el Capítulo 10). En la tumba de Tutankamen del 1300 a.C. se encontraron seis cabezas de ajo, no se sabe si para protegerse de los malos espíritus o para uso medicinal.

Se cuenta que en Marsella, en 1721, cuando se declaró la peste bubónica, cuatro ladrones se ofrecieron como voluntarios para enterrar a los muertos apestados. Era una sentencia no pronunciada, porque se daba por seguro que murieran. Para sorpresa de todos, sobrevivieron. La razón era que habían tomado un potaje de vino con ajo. En su honor este brebaje ha sido llamado «Vinagre de los cuatro ladrones». El ajo tiene la particularidad de matar las bacterias. Con su jugo se limpian las heridas, en especial las producidas por la mordeduras de animales. Esto último se especificó en el Códice Ebers, un papiro médico egipcio escrito en 1550 a.C., juntamente con más de ochocientas fórmulas terapéuticas. Mil años después, Hipócrates clasificó el ajo como un importante medicamento. Veamos el detalle de algunos usos del ajo.

- Cataplasma de ajo para las infecciones.
- Loción de ajo para barros y furúnculos.
- Ajo en las medias o zapatos para la tos ferina.
- Ajo machacado untado en las plantas de los pies, las cuales se envuelven después en lino, para aliviar el sarampión.
- Cura de la presión arterial alta.
- Para los ataques cardiacos y apoplejía.
- Controla los tumores cancerosos.
- Mata lombrices, parásitos.
- Limpia el agua contaminada.
- Junto con las cebollas controla la diabetes.
- Es repulsivo a los que sufren de porfiria. De esta enfermedad de la sangre, surge la leyenda del vampirismo.

La herboristería bíblica

En los tiempos bíblicos, las medicinas se hacían de minerales, sustancias animales, hierbas, vinos, frutas y distintas partes de las plantas.

Por ejemplo, en Génesis 30.14-16 y Cantares 7.13, se menciona la «mandrágora», una planta de raíz gruesa y hojas muy desarrolladas, ovales y agrupadas en roseta en la base y flores pedunculadas amarillo verdosas, que crecen en el centro de la roseta. Ha sido empleada como estimulante del deseo sexual y como narcótico por los alcaloides que se obtienen de su raíz.

En 1 Reyes 7.19-26, Cantar de los Cantares 2.1-2, Isaías 35.1-2, Oseas 14.5 y Mateo 6.28, se mencionan a la «rosa de Sarón» o «lirio de los valles». Este tipo de flor silvestre *shoshan*, crece en Galilea y en el monte Carmelo, y simbolizaba la belleza. En aquel tiempo, esta delicada y aromática flor era asociada a la buena suerte y a unas muy especiales cualidades espirituales. Era un espécimen de tallo cubierto de hojas, que termina en un racimo de grandes flores blancas, orientadas horizontalmente y que vive de cuatro a cinco días. Permanecen abiertas día y noche, aunque su exquisito aroma es más intenso en la oscuridad. La bondad y cualidades espirituales del lirio blanco serían reconocidas oficialmente en un edicto papal del siglo XVII.

En Jeremías 2.22, dice: «Aunque te laves con lejía, y amontones jabón sobre ti, la mancha de tu pecado permanecerá aún delante de mí, dijo Jehová.» La planta de donde provenía el jabón, era un arbusto de unos ochenta centímetros de altura, de tallos lampiños y abundantes nudos verdes y carnosos. Se troceaban los tallos y juntamente con hojas de adelfa, adecuadamente tratada con aceite de oliva, proporcionaba el «*borit*» o «*bor*»: un sucedáneo del jabón, mencionado con el nombre de «*nitro*». Esta planta crece en Israel junto a las acacias.

En Jueces 6.11, Génesis 35.4, 1 Crónicas 17.2, y 2 Samuel 18.9, se menciona «la encina», cuyo nombre bíblico es «*Elah*», al igual que el del roble, «*Allon*» o «*Elon*». También se la llama «Terebinto». Procede de la voz hebrea «Dios» y era asociado al poder y la fuerza. Ambos eran reverenciados, y en sus bosques se procedía a sepultar a los seres más queridos y respetados.

En Éxodo 12.21-22, Levítico 14.4, 1 Reyes 4.33 y Salmo 51.7, se menciona «al hisopo», o «*ezov*». Se formaba un cepillo y lo utilizaban para rociar la sangre del sacrificio pascual, porque se creía que la vellosidad de los tallos tenía propiedades que evitaban la rápida coagulación de la sangre.

En Éxodo 30.23-26 se mencionan diferentes especies, como son: mirra, canela, cálamo y casia que juntas formaban un ungüento muy utilizado en los rituales sagrados para la unción o embalsamado de cadáveres.

En Jeremías 8.22 y 46.11 se menciona el «bálsamo» como una sustancia medicinal. Era compuesto por una sustancia que se extraía de la planta siempre verde llamada «mirra» o «*Muron*». Esta es una goma aromática que destilan varios árboles, que mezclada con vino, servía para aliviar el dolor. Este compuesto se le ofreció a Jesús cuando colgaba de la cruz y Él se negó a tomarlo (Marcos 15.23). También en el relato del «buen samaritano» se menciona cuando dice que se derramó «aceite y vino» sobre las heridas (Lucas 10.34). Y en Mateo 23.23 menciona que se usaban ciertas especies como antiácidos.

En Levítico 14.4-6 y Números 11.6 se menciona el «cedro», árbol de los montes del Líbano. Se utilizaba para la purificación de los leprosos y también para la construcción (1 Reyes 5.6-10; 6.9; 7.2; 9.11).

En Eclesiastés 12.5, en la Biblia Católica, se menciona la «alcaparra», planta cuya yema sirve como condimento para estimular el apetito.

Para los que usan hierbas en general una reflexión final

Está comprobado que el hombre moderno está atiborrado de medicamentos, naturales y químicos. Ninguno de ellos puede sanar las dolencias del alma. Estas surgen por un problema fundamentalmente espiritual. Se podrá retardar el proceso, pero la destrucción viene tarde o temprano. No hay ninguna alternativa posible para erradicar el mal del corazón del hombre. Solo Jesucristo sana integralmente.

Capítulo 7

La acupuntura

En la Argentina existe la Sociedad Argentina de Acupuntura desde 1950, la cual forma alrededor de 60 médicos por año. Según Eduardo Jovenich, «la acupuntura es una ciencia médica separada de otras disciplinas orientales menos científicas».

Su práctica se ofrece como una alternativa en la curación física y emocional. Quienes la impulsan, consideran que la enfermedad se produce por la ruptura del equilibrio energético. Fue introducida en Francia hace unos doscientos años por los jesuitas que regresaron de China, de donde es originaria. Proviene de la filosofía del «taoísmo» y tiene su base en el equilibrio de los opuestos llamados *«yin yang»*. Se cree que *yang* es positivo, expansivo, masculino, ligero, luminoso, grande, con una naturaleza celestial, del día, del lado izquierdo en oposición al derecho, de la superficie de los objetos, de la madera y del fuego. *Yin*, por el contrario, es negativo, contractivo, femenino, oscuro, pequeño, con la naturaleza terrenal, de la noche, del lado derecho, y del interior de los objetos. Los taoístas entienden que todo depende de la combinación de ambas fuerzas.

La acupuntura entró en Argentina oficialmente en 1934. Mediante el uso de pequeñas y finísimas agujas, se busca equilibrar las energías interiores del individuo, energías que emanan directamente de Dios. Son energías vitales que fluyen del cosmos. Y como cada órgano —según esta creencia— se encuentra a flor de piel se los debe canalizar por medio de conductos llamados *chings*, también llamados meridianos.

Esta práctica se ve condicionada por el clima. No puede practicarse si la temperatura ambiental supera a la del cuerpo humano, en días de tormentas eléctricas o luna llena. Esto la hace pariente de la astrología, estableciendo una distribución energética a través de catorce meridianos, donde los chinos creen que han aprendido a manipular esas corrientes energéticas para traer salud al cuerpo humano.

Aunque no existe ninguna base científica para sustentar esta práctica, estas son algunas de las razones que la hacen ver como una medicina efectiva: (1) Se cree que es efectiva por la producción de endorfina (un analgésico natural producido por el mismo cuerpo). (2) También por el efecto de placebo. (3) Por último, su efectividad se debe a la sugestión o hipnosis que tiene un poderoso efecto en el paciente.

Ninguna escuela de acupuntura dicta sus clases de manera independiente de la religión que le dio origen. Por eso la filosofía oriental del taoísmo, confusionismo, y el monismo son la base que sustenta toda práctica de acupuntura. Es en definitiva la creencia oriental que sustenta que una poderosa energía universal existe dentro de todas las cosas y fluye a través de todo cuanto existe. Por lo tanto, no se puede justificar el uso de la acupuntura cuando se sabe que hay una creencia en la astrología y en determinadas fuerzas energéticas que en el cosmos determinan la salud o la miseria de las personas. ¡Cuidado, o se es frío o caliente! También bajo esta misma advertencia entran los métodos alternativos de salud, como la Reflexología, Iriología, Digitopuntura, Masoterapia, terapias con sahumerios o cuarzo, y la ciencia holística. Todas estas prácticas pretenden manipular dicha energía cósmica.

Capítulo 8

La música «rock» y el mensaje subliminal

En un libro que publiqué por otra editorial escribí duramente sobre la música rock. En aquel tiempo expuse que este tipo de música era diabólica, y aún lo sostengo, en contraste con los sacerdotes católicos Bruno Petit de 51 años y Pierino Gelmini de 62 años, que confiesan su amor por la música rock. Uno en Francia y el otro en Italia, convocan a multitudes donde los máximos exponentes del «Rock & Roll» mundial asisten. Ambos entienden que Dios y la música rock son compatibles, y que no tienen que elegir entre Dios y el rock. Sus críticos dicen: «Si Dios es su guía, Elvis es su ídolo. De esta manera ¿Acaso no son mitad ángeles y mitad demonios?»

Hay un conflicto en poder explicar con palabras lo que tiene que ver con la música. Podríamos hacerlo cantando, solo que tendríamos que definir que ritmo utilizar, porque hay diferentes ritmos:

1. Algunos ritmos sirven para levantar el ánimo (actúan como enervantes). Los músico-terapeutas se valen de ellos.

2. Otros ritmos sirven para relajar el ánimo (actúan como sedantes). Por eso se dice que «la música calma las bestias».

3. Por último están los ritmos que excitan el ánimo (actúan como poderosos estimulantes que hacen llegar hasta el paroxismo). Como es el caso de la música rock.

A este último ritmo nos referiremos más específicamente, porque cuando suena, se produce como una fuerte descarga hormonal masiva que recorre cuerpos cuya piel se eriza, sienes que estallan, gargantas que gritan hasta el delirio; son cuerpos que saltan, bailan, se contorsionan, se abrazan, chocan y se desmayan; rostros cubiertos por sudor, y lágrimas. Todo eso se debe al áspero y distorsionado sonido metálico de la música rock.

Es evidente que en este género musical existe «simpatía por el demonio».[1] No en vano se les llama: «Sus Majestades Satánicas, los Stones.» En todas las letras de *WASP*, *Iron Maiden*, *AC-DC*, *Kiss* y otros, hay mensajes subliminales, o *Backward Masking* (máscara al revés o retroceso oculto). Es decir, mensajes de invocación al diablo que son claramente audibles cuando se hace girar la cinta al revés. Pero al escucharse normalmente igual penetran, pero solo por un proceso de la subconciencia. Es una estrategia perversa para hacer que muchos digan cosas que de manera consciente nunca dirían.

¿A qué se debe la fiebre desatada en los conciertos de rock? Surgen varias respuestas por parte de quienes hacen una apología de este tipo de música:

1. Creen que es una expresión democrática de liberación, donde el límite esta dado por el placer extremo. Como lo explicó Tom Wolfe, comparando a los *Stones* con los *Beatles*: «Los Beatles querían darte una mano, y los Stones desean quemar tu ciudad.»

2. Creen que es la fuerza creadora de la conciencia que se desata, y que muchos años de castración social producen tal fenómeno colectivo.

3. Es la expresión liberal de los líderes de la filosofía postmoderna que proponen el desprecio por toda moral pasada, y la adopción de todo lo prohibido, profano y transgresor. O como escribió Mikhail Dunayev, que «el rock era el diablo, que corrompía moralmente, que era antinacional e ideológicamente subversivo». También un colega afirmó, que «el *heavy metal* es apenas un oscurantismo importado y una encarnación de la antihumanidad».

Evidentemente la música rock le abre demasiadas puertas al diablo. Es, como muy pocos reconocen, la verdadera perversión de la música, o como dijo Leonardo Labbozzetta: «Es un género irredimible.»[2]

Observemos cuatro argumentos para sustentar esta razón:

1. Por el ritmo discordante que afecta los sentidos y altera la razón. El objetivo es crear el caos desenfrenado en el organismo y la aceleración cardiaca. Pues los ritmos del rock entran en conflicto directo con las leyes que gobiernan el cuerpo humano. Por el incesante ritmo de la música rock se produce en el cerebro un fuerte desequilibrio. Mientras que Dios es un Dios de orden y busca que todo sea hecho con entendimiento.[3]

2. Por el sonido estentóreo que aturde y estimula a la agresión. El objetivo es provocar la excitación sexual y despertar la fuerza bruta e instintiva que hay en cada ser humano, haciendo que los que asisten a un recital se comporten como «animales irracionales». Esta señal sumada al del mensaje subliminal actúa como una onda supersónica la cual produce el mismo efecto de la morfina, si el cerebro es

estimulado por esta durante largo tiempo. Keith Richards, del grupo *Stone*, dijo: «El sonido del rock se siente de la cintura para abajo.»

3. Invocación a demonios consciente e inconscientemente. Letra provocativa y transgresora. Por los años sesenta, el guitarrista Keith Richard declaró que las canciones fluirían profusamente de los compositores si ellos tan solo fuesen médium abiertos y dóciles.

Todo esto se confirma por el efecto sobrenatural que ocurre en cada show. Al respecto, alguien dijo: «Son como *Shamanes* capaces de convocar multitudes en una suerte de ceremonia colectiva donde los que participan captan y emiten vibraciones que andan rondando por ahí.» El ya fallecido célebre guitarrista, Jimi Hendrix, dijo:

> Se puede hipnotizar a las personas con la música; y cuando se les ha llevado al punto más débil, podemos predicar a su subconsciente todo aquello que queremos. Este poder actúa sobre los espectadores lavándoles el cerebro e invadiéndolos con energías diabólicas.

No puede ser menos, cuando conocemos el mensaje de algunos temas. Por ejemplo: «Vuelve, vuelve Satán», es uno de los mensajes diabólicos que se pueden escuchar al dorso de la canción *Fuego en lo alto*, interpretada por Electric Light Orchestra, siglas que coinciden con una vieja invocación al demonio. Otra canción dice: «Si me amas, córtate; Satán: ese es tu Dios», que es otra manifestación demoníaca interpretada por el grupo *Kiss*, en el tema *Madre joven, madre feliz*. Existe otro grupo que sus iniciales en inglés significan «Reyes al Servicio de Satán». «Justo descubriste el mensaje del diablo: comunícate con el viejo», es otra frase satánica que pertenece a la canción *Congratulations* y es comunicada al público por medio del grupo *Pink Floyd.*

Led Zeppelin, también es otro de los conjuntos que invocan a Satanás. En su canción *Escalera al cielo,* se escucha: «Debo vivir para Satán. ¡Sí a Satán! No temas a Satán, no seas idiota.»

Otro grupo, aunque no tan conocido como el anterior, es *Styx* (es el nombre de una laguna infernal de la mitología griega). Al revertir la canción: *Cegado por la nieve,* oímos claramente: «Muéstrate Satán, manifiéstate a nuestras voces ... Jesús, tú eres el villano, recibe la marca y vive (refiriéndose a la marca del anticristo, 666).

También tenemos entre otros el grupo *Black Sabbath,* que traducido es Sábado Negro, día consagrado a las brujas.

Los *Beatles,* en su disco *Revolución No. 9,* dice al reverso de la cinta: «Levántate hombre muerto», refiriéndose a Cristo. John Lennon fue otro anticristo y adorador del diablo, por lo que no dudó en presentar su «Álbum Blanco del Diablo». En su presentación en 1966, menciona que «el Cristianismo va a desaparecer, retroceder y disgregarse ... La historia demostrará que tengo razón. Hoy en día somos más populares que Jesucristo. No dudo sobre quien desparecerá primero, el *Rock and Roll* o el Cristianismo.»

El grupo famoso *AC-DC* canta *Campanas del infierno,* donde dice: «Tú eres joven pero vas a morir. No tomaré ningún prisionero, ni salvaré vida alguna. Y nadie se opone, tengo mis campanas y te llevare al infierno. Te poseeré. Las campanas del infierno. Sí, las campanas del infierno.»

Alice Cooper confiesa:

Hace algunos años fui a una sesión espiritista, donde Norma Blukley suplicó al espíritu que se hiciera oír. Al fin el espíritu se manifestó y habló, y prometió para mí y mi grupo la gloria, la dominación mundial por medio de la música rock y riqueza en abundancia. A cambio solo me pidió abrir mi corazón para que el espíritu tomara posesión de mí. Gracias a esa posesión, me hice célebre en el mundo tras adoptar el nombre del espíritu que se había manifestado en esa sesión.

Estas y muchísimas más expresiones son blasfemias contra Jesús.

4. Interpretes viciosos del consumo de drogas, sexo y poder que ejercen un control ejemplar sobre sus fanáticos. A continuación observemos esta lista[4] estremecedora sobre quienes fueron algunos de los líderes del rock mundial.

- Brian Jones de los *Rolling Stones*, muere ahogado en su piscina, aparentemente como resultado de una sobredosis de alcohol o drogas.
- Jimi Hendrix. Existen dos versiones sobre su muerte, una que después de beber alcohol e ingerir tabletas para dormir, muere ahogado en su propio vómito, la otra que se inyectó *LCD* en el cerebro.
- Janis Joplin, «Reina del Rock», muere por una sobredosis de heroína.
- Ron McKernan, del grupo *The Grateful Dead*, muere luego de una larga agonía como resultado del alcoholismo.
- Marc Bolan, primer guitarrista y compositor del grupo *T Rex*, que atribuía sus éxitos a la magia negra,

pierde la vida en un misterioso accidente automovilístico.

- Keith Moon, del grupo *The Who*, termina en suicidio.
- Elvis Presley muere como resultado del exceso de comidas y abuso de drogas.
- Sid Vicious, del grupo *Sex Pistols*, muere por una sobredosis de heroína, después de haber apuñalado a su novia hasta provocarle la muerte.
- John Bonham, de *Led Zeppelin*, muere ahogado en su propio vómito después de haber bebido cuarenta vasos de vodka.
- Bon Scott, de *AC-DC* y cantante del tema *Autopista al infierno*, muere ahogado en su propio vómito después de beber durante una noche entera.
- John Lennon, uno de los *Beatles*, quienes habían vendido su alma al diablo a fin de conseguir el éxito de su grupo, muere asesinado por un fanático.
- Pete Farndon, del grupo *The Pretenders*, fue encontrado muerto en la tina del baño con la aguja de heroína aún clavada en el brazo.
- Marvin Gaye, aclamado cantante de música rock, después de una riña con su padre, muere por las heridas de bala que él mismo se produjo.
- Yogi Horton, popular baterista, salta desde el decimoséptimo piso de un hotel en Nueva York.
- Jaco Pastorius, guitarrista de jazz y rock, fue golpeado brutalmente y luego murió a causa de las lesiones.
- Roy Buchanan, uno de los mejores guitarristas de *blues* y de rock en todo el mundo, se ahorca después de una borrachera mientras estaba en una celda para desintoxicarse.

Esta lista fatídica solo confirma que «la paga del pecado es muerte» (Romanos 6.23).

Entendamos que como el evangelio es un estilo de vida, el rock también lo es. Es toda una cultura que imprimió en la sociedad más disconforme su forma de expresión. Creo que el rock trae un lazo al alma como lo expresa Salomón: «No te entremetas con el iracundo, ni te acompañes con el hombre de enojos, no sea que aprendas sus maneras, y tomes lazo para tu alma» (Proverbios 22.24-25). También creo que el rock es una costumbre de las naciones paganas contra las cuales debemos estar advertidos. «Y sabréis que yo soy Jehová; porque no habéis andado en mis estatutos, ni habéis obedecido mis decretos, sino según las costumbres de las naciones que os rodean habéis hecho» (Ezequiel 11.12). Jeremías dice: «Conviértanse ellos a ti.»

Argumentos sobran para desacreditar este ritmo que altera todos los sentidos y ofende con su letra las buenas costumbres, que pervierte a nuestra juventud y garantiza el dominio de las futuras generaciones. Prestemos atención a lo que nos dice el apóstol Juan: «No améis al mundo ni las cosas que están en el mundo. Si alguno ama al mundo, el amor del Padre no está en él. Porque todo lo que hay en el mundo, los deseos de la carne, los deseos de los ojos y la vanagloria de la vida, no proviene del Padre, sino del mundo. Y el mundo pasa y sus deseos; pero el que hace la voluntad de Dios permanece para siempre» (1 Juan 2.15-17). O como dice Santiago: «¡Oh almas adúlteras! ¿No sabéis que la amistad del mundo es enemistad contra Dios? Cualquiera, pues, que quiera ser amigo del mundo, se constituye enemigo de Dios» (Santiago 4.4).

Si estos argumentos no alcanzan para convencer del peligro de la música rock, es porque la mente está entenebrecida (véase 2 Corintios 4.4). La clave es orar para que esa membrana de teflón que puso el diablo sobre la mente de aquellos que no entienden estas razones se diluya. Imponga las manos sobre quienes aman el rock y ore con autoridad rompiendo yugos inmundos para que se derriben todas las fortalezas, y no se sorprenda si de repente se revuelcan poseídos aunque sean miembros de la iglesia. ¡Recién entonces habrá una gran liberación!

Capítulo 9

La astrología

(Horóscopos)

La astrología es una adicción, como también una creencia muy antigua de que las fuerzas cósmicas influyen en la humanidad. Goethe dijo: «No me gustaría seguir considerando la astrología como una superstición, pues pertenece a nuestra naturaleza y es más tolerante que cualquier otra creencia.»

Es la creencia antigua que afirma que los cuerpos celestes predicen o indican cuál será el destino de hombres, individuos o naciones. Hasta el famoso sicólogo C.G. Jung dijo: «El cielo estrellado es como un libro ilustrado del alma humana, donde se encuentran Marduk y Osiris, Ishtar y Tiamat; no como ídolos de piedra, sino en profundos símbolos sicológicos.»

Multitudes de personas aman, consultan, buscan y adoran a los astros de cielo y dependen de ellos. Son el «remanente del linaje malvado» que describe Jeremías (véase Jeremías 8.1-4).

Manasés practicó la astrología; fue un rey malo que profanó el templo de Jehová. «Edificó asimismo altares a todo el ejercito de los cielos en los dos atrios de la casa de Jehová» (2 Crónicas 33.5).

Por lo visto, ésta práctica era muy común entre los pueblos paganos. El rey Nabucodonosor consultaba a los astrólogos (Daniel 2.2), y también su hijo Belsasar (Daniel 5.15). Sin embargo, la Ley para el pueblo de Dios la condena.

Así dice:

Cuando se hallare en medio de ti, en alguna de tus ciudades que Jehová tu Dios te da, hombre o mujer que haya hecho mal ante los ojos de Jehová tu Dios traspasando su pacto, que hubiere ido y servido a dioses ajenos, y se hubiere inclinado a ellos, ya sea al sol, o a la luna, o a todo el ejército del cielo, lo cual yo he prohibido; y te fuere dado aviso y después que oyeres y hubieres indagado bien, la cosa pareciere de verdad cierta, que tal abominación ha sido hecha en Israel; entonces sacarás a tus puertas al hombre o a la mujer que hubiere hecho esta mala cosa, sea hombre o mujer, y los apedrearás, y así morirán. Por dicho de dos o de tres testigos morirá el que hubiere de morir; no morirá por el dicho de un solo testigo (Deuteronomio 17.2-6).

Te has fatigado en tus muchos consejos. Comparezcan ahora y te defiendan los contempladores de los cielos, los que observan las estrellas, los que cuentan los meses, para pronosticar lo que vendrá sobre ti (Isaías 47.13).

Por su parte Job destaca bien, que Dios es quien lo ordena todo.

Él manda al sol ... Y sella las estrellas; Él solo extendió los cielos, y anda sobre las olas del mar; Él hizo la Osa, el Orión y las Pléyades, y los lugares secretos del mar (Job 9.7-9).

Y Dios responde:

¿Dónde estabas tú cuando yo fundaba la tierra? ¿Quién ordenó sus medidas? ¿Sobre qué están fundadas sus bases? ¿O quién puso su piedra angular, cuando alababan todas las estrellas del alba y se regocijaban todos los hijos de Dios? ¿Podrás tú atar los lazos de las Pléyades, o desatarás las ligaduras de Orión? ¿Sacarás tú a su tiempo las constelaciones de los cielos, o guiarás a la Osa Mayor con sus hijos? ¿Supiste tú las ordenanzas de los cielos? (Job 38.4-7; 31-33).

Martín Lutero, llamó a la astrología una «mala arte» y una transgresión al primer mandamiento. «La astrología, léxico gráficamente hablando, es una ciencia adivinatoria o arte de leer el futuro; el método de predecir el futuro por medio de los movimientos de los astros. Del griego "*astron*" (astro) y "*logos*" (palabra, disertación, discurso), y se expresa a través del horóscopo, palabra que viene del griego "*hora*" (instante, división del día o de la hora) y "*skópeo*" (lo que examina, lo que observa).»[1]

Esta ciencia del mal, produce muchas ataduras, hay sugestión y adicción. Empresas e individuos no realizan negociaciones sin consultar a los astrólogos. Hoy se promocionan como «gurúes modernos». Asesoran, y forman consultorías internacionales; distribuyen sus planos astrales por medio de la computadora, y proclaman designios universales. Es una de las esclavitudes modernas, otra forma más de superstición, otra forma más de idolatría.

El Génesis desmitologiza en tanto que echa abajo el edificio de los falsos dioses de la época antigua: el sol egipcio, griego, romano, el *Sol Invictus* de los emperadores romanos, el sol divinizado de Mitra, luz divina del mazdeísmo, sol todavía divinizado en nuestros días en los mitos renacidos de un esnobismo celta, tan de moda desde hace unos años; luna de Mesopotamia, partera de los dioses, dispensadora de la vida y del destino de los hombres ... no sois nada. Sólo objetos creados por Dios. Sólo Él ha fijado vuestro camino; estáis sujetos a leyes rigurosas que expresan la voluntad de un Dios ordenador. De un Dios que, entre otras cosas, «hizo las estrellas» a las que nuestra generación incrédula e ingenua interroga para conocer su futuro en lugar de volverse hacia aquel que es el único que puede decírselo, que se lo dice, en la Biblia.[2]

Según Kurt Koch, «es de comprender la Astrología en el mundo religioso pagano que consideraba los astros como potencias divinas. Para ellos la tierra era el centro del mundo; alrededor de ella giran en siete esferas, los planetas que son los regentes del cielo. Su color y la velocidad de su carrera determinan el temperamento y la influencia de estos dioses-planetas».[3] Esta teoría fue negada por Copérnico en el siglo XVI, quien descubrió que el sol era el centro del sistema solar. De allí que la siguiente base del sistema astrológico, que son los doce signos del zodíaco (Acuario, Piscis, Aries, Tauro, Géminis, Cáncer, Leo, Virgo, Libra, Escorpio, Sagitario, Capricornio) sea toda una ilusión. También influyen —para ellos— las posiciones del sol, la luna, Mercurio, Venus, Marte, Júpiter, Saturno, Urano, y Neptuno.

Ellos continúan usando el sistema tolemaico[4] cuya concepción enseña que la tierra es el centro del sistema planetario.

Según el sistema de pensamiento astrológico, la influencia de Saturno (izquierda) nos vuelve melancólicos, temerosos, y retraídos. Júpiter (derecha), nos infunde optimismo, audacia, y ganas de vivir. A Neptuno se le asoció con las adicciones, las drogas, las situaciones engañosas, la fantasía, la ensoñación, el misticismo, el sacrificio, la compasión, una cualidad de empatía con lo ajeno y una necesidad de fundirse en algo superior.

Las diferentes clases de horóscopos se contradicen. La astrología occidental no coincide con la oriental. Algunos dicen que hay ocho signos zodiacales, otros doce, otros catorce y otros veinticuatro. Estas son algunas de las contradicciones que atentan contra esta seudo ciencia. Esta práctica no fue promocionada por la Biblia, sino condenada.

Algunas razones para el auge de la astrología

Existen algunas razones para entender por qué esta creencia hoy es poderosa.

En primer lugar, por la ignorancia de la gente. Muchos han invertido el orden, y hoy adoran la creación y no al Creador. Hoy como ayer, las estrellas y los astros son creación dependiente de un Creador soberano. Así lo expresa Von Rad: «Fuerte atmósfera antimística: los astros no son sino criaturas dependientes de la voluntad creadora y organizadora de Dios.»[5]

También por el sistema que impera en el mundo. «Así también nosotros, cuando éramos niños, estábamos en esclavitud bajo los rudimentos del mundo. Mas ahora, conociendo a Dios, o más bien, siendo conocidos de Dios, ¿cómo es que os volvéis de nuevo a los débiles y pobres rudimentos, a los cuales os queréis volver a esclavizar?» (Gálatas 4.3,9). El significado original de rudimentos, es algo sistemático, o en orden. Puede aplicarse al sistema impuesto por la astrología. Es otro aspecto del sistema religioso que está impuesto para reemplazar a Dios en la conciencia de la gente.

Otra de las razones es por la atracción a lo oculto. Lo prohibido siempre ha ejercido una poderosa atracción en los simples, de aquellos que no tienen el conocimiento verdadero de las Escrituras. Meten sus narices sin el temor al compromiso con las tinieblas, por su afán de poder. Poder para conocer el futuro, el presente y la razón de muchos males. También como una forma de prevenir peligros.

Es ilusorio pensar que pueda existir una razón científica para creer en la astrología, o aun en el horóscopo. El diablo estableció esta doctrina para crear dependencia enfermiza en la gente. Nunca los astros pueden incidir en los asuntos humanos, aunque lo hagan en los asuntos de la naturaleza. Es cierto que los movimientos estelares producen cambios en el clima y eso modifica todo el ecosistema, aunque quienes llevan a la práctica este conocimiento no aceptan que los astros sean los causantes de las catástrofes, sino simplemente sus indicadores. Muy diferente es que lleguen a incidir en la vida humana. La razón es sencilla, porque todos somos diferentes. Los signos del zodíaco tratan de hacernos ver como títeres de fuerzas establecidas por los astros, y que estamos fraccionados por signos diferentes por medio de los cuales nos parecemos en carácter y en temperamento. Esto no se cumple ni aun entre mellizos, lo digo por experiencia personal. Juan, mi hermano mellizo, y yo solo nos parecemos en el rostro, lo demás es particular y distintivo para diferenciarnos. Aunque también él es pastor en una de las congregaciones de IBEM (la iglesia que pastoreo por la gracia de Dios). Dios nunca pudo delegar a fuerzas impersonales el trato directo con el hombre. Quien llegue a pensar así, es porque vive independiente de Dios, alejado de su soberanía y presencia, y adorando a los astros del cielo, lo que está prohibido terminantemente.

Capítulo 10

Los amuletos, talismanes y fetiches

¿Alguna vez ha llevado una pata de conejo? ¿Buscó con ahínco un trébol de cuatro hojas? ¿O se colgó al cuello una medalla de algún santo? ¿O colgó sobre su puerta una herradura? Estas y muchas más son las prácticas que conforman la creencia y la devoción a los objetos. Se atribuye un poder especial al hecho de creer en ellos. Solo que sin la autoconvicción son solo adornos por lo que no se recomienda su uso, aunque sí resultan familiares al mundo del ocultismo. El signo de la cruz, el uso de escapularios, medallitas, estampitas, patas de conejos, herradura y otros objetos más, dan razón a una larga lista de elementos valiosos para el ocultismo. Por esta razón el hombre se alejó de Dios. Todas estas creencias intermedias alejaron a Dios de la conciencia humana, porque la palabra «amuleto» deriva del verbo latino *«amuletum»* y justamente significa «alejar, o separar» como un medio de defensa. Consiste en imágenes o figuras de diferentes elementos naturales que pueden servir para sanar, proteger de los encantos, o atraer riquezas, honor, amor, o fama.

Por su parte, la palabra «talismán», viene del árabe *«talismun»* y del griego *«telesma»* que puede significar «consagración», o «consumación» y consiste en el sello o la figura impresa, grabada o cincelada sobre una piedra o metal por un artista que tenga el espíritu fijo en la obra sin que le distraigan pensamientos extraños, en el día y en la hora del planeta en un día especial, a fin de atraer influencias. Es una obra de arte con sentido mágico.

La palabra fetiche, viene del portugués «*feitico*» que significa hechizo, y del latín moderno «*factituis*» o hechizador. Es en definitiva un objeto sagrado portador de virtudes que beneficia a quien lo lleva encima o lo posee.

Algunos cuestionan que tal poder pueda influenciar nocivamente inclusive al creyente. Sin embargo, vemos en la Biblia que algunos objetos podían bendecir o maldecir. Por ejemplo, la vara de Moisés (Éxodo 7.19-20); el manto de Elías (2 Reyes 2.8); el arca del pacto (1 Samuel 5.1-7,9); el vestido de Jesús (Mateo 9.20-21), y la ropa de Pablo (Hechos 19.11-12). Aunque Dios no necesite de ninguna cosa para manifestar su poder, la dedicación de tales cosas, como son: autos, casas, templos y otros elementos, son muy frecuentes en el pueblo de Cristo. Se da a entender que si no le pertenece al Señor, lo puede usar el maligno. Tal vez a esto se refirió Jesús cuando dijo: «El que no es conmigo, contra mí es; y el que conmigo no recoge, desparrama» (Mateo 12.30). De allí que no valga el sentido de neutralidad, ni para las persona, ni para las cosas. O las cosas le pertenecen a Dios, porque les han sido entregadas voluntariamente, o son del diablo porque las arrebató o le han sido consagradas. Conviene que todo le sea entregado a Cristo.

Las cintitas mágicas

El uso de una cinta roja que cuelga de muchos autos, y también rodea las muñecas de las personas, tiene el símbolo también de la protección. Se dice que el rojo pertenece a un color de alta vibración y rompe las ondas de baja vibración. Se cree que las ondas del mal son densas y por eso se ubican en baja vibración, de allí el símbolo de protección que, sumado a la ristra de ajo, según los supersticiosos, actúa poderosamente. Para mí es una señal de pertenencia maligna. Quienes usan estos fetiches convocan a los demonios. El lenguaje que se lee en el terreno espiritual es el siguiente: «Para mi protección, yo no confío en el Creador, sino en las cosas creadas.»

Hemos experimentado no pocas veces que las personas quedan enlazadas por estos elementos. Cierta vez no podíamos lograr la liberación de una jovencita hasta que le cortamos las cintitas que llevaba en su muñeca. Cuando lo hicimos, gritaba como si la hubiésemos desollado viva. Inmediatamente fue liberada. Los demonios se agarraban de su falsa creencia. Observemos este texto: «Por tanto, así ha dicho Jehová el Señor: He aquí yo estoy contra vuestras vendas mágicas, con que cazáis las almas al vuelo; yo las libraré de vuestras manos, y soltaré para que vuelen como aves las almas que vosotras cazáis volando» (Ezequiel 13.20).

La ristra de ajo

Al ajo se le atribuyen propiedades curativas, pero muchos lo utilizan como un poderoso protector. En la Edad

Media se usaba entre las ropas para evitar ser apuñalado por la espalda. Por su olor ahuyenta a los reptiles. Y como el mal es representado por una serpiente, de allí que se crea que espanta a todo ser demoníaco. Hoy no es extraño ver en cualquier lugar una ristra de ajo para protección de malos espíritus. También se cree que ahuyenta a los vampiros.

Muchos más objetos se sustentan como herramientas del diablo para desviar al incrédulo y perverso del verdadero camino. Son los actuales «carros de faraón», que alejan la creencia de un Dios vivo y verdadero que hace maravillas.

Capítulo 11

La iriología

Esta supuesta ciencia trata del diagnóstico por la simple observación del iris. A veces se ofrece juntamente con la homeopatía. El diagnóstico por el iris, enseña que cada parte del cuerpo, cada miembro, cada órgano importante, incluso cada función síquica, ocupa un lugar determinado en el iris en donde se manifiestan en forma permanente las enfermedades pasadas y presentes.

¿Cuál es el origen del diagnóstico por el iris?

Un médico húngaro, el Dr. Ignaz Peczely, dijo en 1880 su «introducción al estudio del diagnóstico de los ojos» que llegó a ser el fundamento de una nueva doctrina. Peczely llegó a este arte por una experiencia de su infancia. Cuando era un niño de 11 años, un día trató de cazar una lechuza que volaba vagamente a su alrededor. Cuando él la atrapó, el pájaro enterró una de sus garras tan profunda y fuertemente en la mano del cazador, que no quedó otra alternativa que quebrar la pierna de la lechuza. Simultáneamente el niño y la lechuza se miraron fuertemente en los ojos. El niño manifiesta haber notado que en el momento cuando quebró la pierna al pájaro, apareció una línea negra

en el ojo amarillento de la lechuza. El vendó la pierna frac-
turada y bajo su cuidado sanó la pierna lesionada. Al mismo
tiempo la línea negra sobre el iris fue rodeada por una línea
blanca. Esta experiencia de su niñez fue, para el Dr. Peczely
adulto, el punto de partida para el diagnóstico por el iris.
Los irólogos señalan al Dr. I. Peczely como padre de su
arte. Sorprendentemente muchos religiosos tomaron parte
en el desarrollo posterior de esta disciplina. Independientemente del Dr. Peczely, un pastor sueco, N. Liljequist,
dice haber encontrado el diagnóstico por el iris por sí solo y
escribió en 1893 un libro al respecto. En 1902, el maestro P.
J. Tiel publicó su libro «El diagnóstico desde los ojos».
También el libro del pastor Felke sobre el diagnóstico por
el iris apareció en 1904. También en Boon (Alemania), la
señora del Pastor Madaus, fundó la revista «Correspon-
dencia del iris», y editó en 1915 su libro sobre diagnóstico
por el iris que fue muy difundido.

¿Qué enseña el diagnóstico por el iris?

Los libros sobre diagnóstico por el iris contienen generalmente una «clave del iris», es decir, un esquema del iris
de ambos ojos en el cual están inscritos los «campos de los
órganos». En esta clave del iris hay, por ejemplo, un «campo pulmonar», un «campo del meñique derecho», un «campo epiléptico», un «centro de la voluntad», etc. Es decir, un
campo para cada órgano, para cada función síquica, incluso
para determinadas enfermedades. De los diversos irólogos
surgieron por lo menos unas quince «claves del iris» diferentes. En uno de estos esquemas del iris fueron inscritos
hasta ciento treinta y cuatro campos de órganos distintos.

Cada irólogo debe aprender de memoria una vez para siempre esta clave del iris. En la exposición del diagnóstico ciertamente la «intuición» juega su papel importante.

¿Qué entiende el médico que piensa científicamente sobre el diagnóstico de las enfermedades desde el ojo?

El médico por supuesto utiliza como recurso un examen que le es útil para la exposición del diagnóstico. Principalmente son inspeccionados en forma especial la esclerótica, las pupilas y el fondo del ojo (membrana reticular). El examen de la retina da referencias importantes sobre enfermedades determinadas (hipertensión arterial, ciertas enfermedades renales, diabetes avanzadas). Incluso permite juzgar la evolución de estas enfermedades. Todas estas referencias para un diagnóstico son utilizadas con conocimiento por los médicos para el bien de los pacientes.

¿Resiste el diagnóstico por el iris una verificación responsable?

La observación del iris de manera diagnóstica —sin contar unas raras excepciones— es insignificante. Muchos médicos y clínicas han revisado sin prejuicios las diferentes «claves del iris». No pudieron verificar ninguna relación entre la distribución de colores del iris y las enfermedades en el cuerpo correspondiente, afirmada por lo irólogos. El diagnóstico por el iris además no tiene ni el más mínimo fundamento en quejarse de que es ignorado u oprimido por la medicina científica. Al contarlo, médicos y hospitales realizaron numerosas investigaciones para examinar seriamente «si no habría algo de verdad en ello». Para los Doctores David y Sharon Sneed esta es una práctica ridícula.[1]

Capítulo 12

La parasicología

En la Argentina, hubo años atrás un gran debate sobre el reconocimiento de esta supuesta ciencia. Pretendían sus adeptos que fuese reconocida como anexa a la sicología. Todavía no se ha tomado una decisión, pero la lucha continúa. Esta ciencia del ocultismo quiere su lugar y su título oficial en las universidades porque cada vez son más los que se dedican a estudiar los fenómenos paranormales. Estos son los fenómenos —según ellos— que surgen en el campo oscuro de la mente. Para nosotros, estos fenómenos también se deben a las ingerencias del maligno sobre una persona que no tiene la mente de Cristo.

La palabra se deriva del griego en donde *para* significa «al lado de», y *sicología* «estudio de la mente». O sea, que *parasicología* puede entenderse como el «estudio de las cosas que se encuentran al lado de la mente», o aquellas cosas de la mente poco conocidas por el consciente. Los parasicólogos son los brujos o hechiceros modernos, y la parasicología es la reivindicación del chamanismo antiguo.

Algunos parasicólogos señalan a Federico Francisco Antonio Mesmer, médico alemán del siglo XVIII, como el primer científico que intentó curar por métodos basados en el magnetismo. La magnetopatía —según Mesmer— asegura que el individuo sano puede cargarse magnéticamente de los campos de fuerza magnética de la tierra y luego transferir a un cuerpo enfermo esta influencia curativa.

Dicen los parasicólogos que originalmente este método de cura dio algunos resultados. Después Mesmer quiso industrializar su método, lo que ocasionó que muchas de sus supuestas curas fracasaran. Mesmer fue olvidado, pero su método no.

Más tarde, el médico alemán Marx Dressoir introdujo el término *Parasicología* en el año 1893. Aunque el período científico comienza por el año 1872, extendiéndose hasta nuestros días. El único fin, en aquel entonces, era dar respuestas a los fenómenos espiritistas.

En 1930, nace la Cátedra de Parasicología en la Universidad de Duke, EE.UU., quedando a cargo del profesor Dr. J.B. Rhine. En Europa, comienza la Cátedra de Parasicología en la Universidad de Utrech, en Holanda, en 1953.

La parasicología insiste en que somos capaces de recibir sensaciones así como transmitirlas a partir del pensamiento y, que a partir de esas señales podemos hacer que se produzcan movimientos externos. También considera como prueba científica válida la continuidad de la vida después de la muerte y el hecho de que un difunto se pueda manifestar —como espectro o teniendo un médium como intermediario— y comunicar cosas que solo él podría saber.

El parasicólogo se considera un guía espiritual. Considera que hay un ángel guardián que lo asiste para poder ayudar al prójimo. Es una entidad protectora que guía al parasicólogo o médium hasta un alterado nivel de conciencia. Este sería el nivel ideal para lograr el poder para ejercer la cura u obtener el conocimiento deseado. Mediante este nivel alterado de conciencia se logran también los viajes astrales. El cuerpo permanece en un sitio, mientras que la mente viaja en el plano cósmico, para obtener el poder necesario. Esto no es ni más ni menos que comunión con espíritus inmundos que aprovechan ese estado de inconsciencia para influenciar con sus designios. Tradicionalmente los seguidores del chamanismo usan una amplia variedad de instrumentos y métodos para lograr sus prácticas. La participación de fetiches y de conjuros hace de esta práctica una seudo ciencia ocultista.

Capítulo 13

El culto a los ángeles

Visitando a una empresaria, note que en cada rincón de su oficina tenía una vela de distinto color prendida. También pequeños ángeles en diferentes posiciones encima de los muebles. Y cuando contestó un llamado telefónico, al despedirse dijo: «No te olvides de tu ángel.» Es evidente que existe un culto de invocación a los ángeles. Algunos se hacen llamar «angelólogos», y fomentan la invocación de ángeles, ignorando, o a sabiendas que lo que hacen es prohibido por Dios. Pablo advirtió sobre este tipo de culto. «Nadie os prive de vuestro premio afectando humildad y culto a los ángeles, entremetiéndose en lo que no ha visto, vanamente hinchado por su propia mente carnal» (Colosenses 2.18).

El nombre de ángel deriva del latín «*angelus*», y del griego «*angelos*», cuyo significado es mensajero, función que describe el apóstol Juan: «Y las declaró enviándola por medio de su ángel a su siervo Juan» (Apocalipsis 1.1). San Agustín dice:

Los ángeles son espíritus (Apocalipsis 1.4, 20), pero no por ser espíritus son ángeles. Cuando son enviados, se denominan ángeles, pues la palabra ángel es nombre de oficio, no de naturaleza. Si preguntas por el nombre de esta naturaleza se te responde que es es-

píritu; si preguntas por su oficio, se te dice que es ángel; por lo que es, es espíritu; por lo que obra es
ángel.[1]

En verdad la angelología moderna hace de los ángeles
dioses con poder e influencia personal. *Es otra variante que
tiene el ocultismo para atraer a los ignorantes*. Los agrupan
en tres bloques y establecen nueve rangos: 1) tronos, querubines y serafines. 2) potestades, dominaciones y virtudes. 3) ángeles, arcángeles y principados. También
establecen diferentes escalafones para este orden angelical.

1. Los devas mayores: Son los que están ligados a los siete espíritus de la naturaleza, y su función es dirigir los trabajos de los devas individualizados que gobiernan los
elementos. Según la filosofía oriental los cuatro devas mayores son: Agni, señor del fuego; Pavuna o Vayú, señor del
aire; Varuna, señor del agua y Kchiti, señor de la tierra.

2. Los devas individuales: Son los que gobiernan los elementos. Fomentan la comunicación con ellos por medio de
las palabras al invocarlos o al cantar, y por medio de los colores, según el color de la vela que se utilice.

3. Los elementales: Son las entidades que trabajan por
medio de la naturaleza. En el fuego, las salamandras; en el
aire, los silfos; en el agua, las ondinas; y en la tierra los gno-
mos. En el bosque se encuentran las bellas dríades, y entre
las plantas y flores están las hadas que danzan.

Para su invocación, al prender la vela, se sugiere la lectura de salmos bíblicos juntamente con oraciones específicas
dirigidas al ángel. Se encienden cuatro velas que cerrarán el
circuito mágico de protección. Este es el detalle de los días
y los colores correspondientes, como también su referencia.

Días de la semana que rigen los arcángeles

Arcángel	Día	Color de la llama	Se utiliza para:
Miguel	Domingo	Azul	Protección-Iniciativa- Decisión
Jofiel	Lunes	Amarillo-Oro	Ayuda intelectual-En la duda-Incomprensión- Sabiduría divina- Conocimientos
Chamuel	Martes	Rosa	Amor-Adoración-Riquezas-Tolerancia-Rencores-Envidias-Amor divino
Gabriel	Miércoles	Blanco	Elevación espiritual-Pureza-Depresión-Cansancio mental
Rafael	Jueves	Verde	Verdad-Curación-Enfermedades-Sanidad-Vencer la falsedad-Mentira-Constancia
Zadkiel	Viernes	Oro Rubí	Paz-Tranquilidad-Provisión-Gracias en lo referente a dinero y trabajo-Inspiración-Cambios rápidos-Golpes de suerte
Uriel	Sábado	Violeta	Transmutación-Perdón-Quita limitaciones en el poder-misericordia-Compasión

¡Toda esta práctica es ocultista!

¿Pero qué dice la Biblia sobre los ángeles? Que los ángeles están para ayudarnos y no debemos desconocer de qué forma nos asisten (Hebreos 1.13-14). Con respecto a su naturaleza, son seres creados, y más antiguos que el hombre. Bajo ningún aspecto deben ser adorados o invocados

(Apocalipsis 19.10; 22.8-9). Por ser espíritus no están limitados por las condiciones físicas. Aparecen y desaparecen a voluntad de Dios, aunque pueden asumir forma humana para ser vistos (Génesis 19.1-3). Son inmortales, es decir, no están sujetos a la imposición de la muerte (Lucas 20.34-36). Su cantidad es incierta, aunque en Daniel dice que son: «Millares de millares ... millones de millones» (Daniel 7.10; Mateo 26.53; Lucas 2.13; Hebreos 12.22). En Lucas se habla de multitud: «Y apareció con el ángel una multitud de las huestes celestiales, que alababan a Dios» (Lucas 2.13).

Aunque se supone que son asexuados, la Biblia los llama varones (Lucas 20.34-35).

Con respecto a su clasificación, consideremos:

1) «El ángel del Señor.» Su descripción lo distingue de cualquier ángel. Tiene capacidad de perdonar o retener las transgresiones. El nombre de Dios está en Él (el carácter revelado de Jehová, Éxodo 23.20-23). Es lo que Isaías llama «el Ángel del Señor», quien en definitiva es Jesús (Isaías 63.9).

2) Le sigue el grado de arcángel, quien sería un ángel principal, o mensajero de Dios. De estos se destacan:

- Miguel (Judas 9; Apocalipsis 12.7; 1 Tesalonicenses 4.16).
- Gabriel (Lucas 1.19; Daniel 8.16; 9.21).

3) También están los ángeles de las naciones (Daniel 9.1-2; 10.16-19).

4) Los querubines (ángeles de elevada posición). Quienes están relacionados con los fines retributivos y redentores (Génesis 3.24; Éxodo 25.22; Ezequiel 10.1-22).

5) Por último podemos considerar a los serafines. Aunque poco se sabe de ellos (Isaías 6), el vocablo «serafines» significa seres ardientes.

Sus funciones son variadas entre las que encontramos que pueden proteger. En el caso de Daniel en el foso de los leones, Daniel confiesa: «Mi Dios ha enviado su ángel y ha cerrado la boca de los leones» (Daniel 7.22). Cuando Pedro estuvo preso en la cárcel: «Ahora sé verdaderamente que el Señor ha enviado su ángel, y me ha librado de la mano de Herodes» (Hechos 12.6-19). El propósito de este acto es liberarlos para que prediquen: «Mas un ángel del Señor abrió de noche las puertas de la cárcel, sacándolos fuera» (Hechos 5.19-20). Defienden a los niños y a los que temen a Dios acampando a su alrededor: «Mirad que no menospreciéis a uno de estos pequeños, porque os digo que sus ángeles en los cielos ven siempre el rostro de mi Padre que está en los cielos» (Mateo 18.10). «Acampan alrededor de los que le temen y los defiende» (Salmo 34.7).

Guían a quienes son sensibles a sus ministerios. Consideremos estos tres casos:

1. Con Felipe: «Un ángel del Señor habló a Felipe, diciendo: levántate y ve hacia el sur» (Hechos 8.26).

2. Con José: «Y pensando él en esto, he aquí un ángel del Señor le apareció en sueños y le dijo» (Mateo 1.20).

3. Con las mujeres que presenciaron la resurrección de Jesús: «Aconteció que estando ellas perplejas por esto, he aquí se pararon junto a ellas dos varones con vestiduras resplandecientes ... les dijeron» (Lucas 24.4-7).

Ejercen una vigilancia constante, nos contemplan todo el tiempo, como se deduce de los siguientes textos:

Hemos llegado a ser espectáculo al mundo, a los ángeles y a los hombres (1 Corintios 4.9).

Te encarezco delante de Dios y del Señor Jesucristo y de sus ángeles (1 Timoteo 5.21).

Así os digo que hay gozo delante de los ángeles de Dios por un pecador que se arrepiente (Lucas 15.10).

Su ayuda para la salvación es invalorable. En el nivel individual, como fue el caso de Cornelio: «Este vio claramente ... que un ángel de Dios entró donde él estaba y le decía: Cornelio» (Hechos 10.3). En el nivel colectivo, en el caso de las naciones paganas: «Vi volar por en medio del cielo a otro ángel, que tenía el evangelio eterno para predicarlo a los moradores de la tierra, a toda nación, tribu, lengua y pueblo, diciendo a gran voz: temed a Dios y dadle gloria, porque la hora de su juicio ha llegado; y adorad a aquel que hizo el cielo y la tierra, el mar y las fuentes de las aguas» (Apocalipsis 14.6-7).

Sobre todo hay que tener cuidado de no poner nuestra mira en ellos en lugar de Dios, como ocurrió con Juan, según nos relata en Apocalipsis 2.8. «Yo Juan soy el que oyó y vio estas cosas y después que las hube oído y visto, me postré para adorar a los pies del ángel que me mostraba estas cosas. Pero él me dijo: Mira, no lo hagas; porque yo soy consiervo tuyo, de tus hermanos los profetas, y de los que guardan las palabras de este libro: Adora a Dios.»

Recomiendo que nos valgamos del ministerio angelical. Invoquemos a Dios solicitando la protección de sus ángeles, y que estos monten guardia alrededor de nuestras pertenencias, familias y ministerios. Y Dios sin dudar enviará a una guarnición de sus ángeles a asistirnos.

Capítulo 14

El yoga

Me sorprendió ver un aviso en la puerta de una iglesia evangélica en la Capital Federal que anunciaba clases de yoga. Inmediatamente pensé que el pastor ignoraba asuntos del ocultismo, y que solo ministraba el evangelio en el área de lo social. No me equivoqué. ¿Cómo la iglesia de Cristo puede utilizar una herramienta de Satanás? ¿Puede tener comunión Cristo con Belial? ¡Imposible! Como lo publicó el diario *El Puente*: El yoga es «un veneno cubierto de caramelo: porque implica una serie de métodos de frugalidad, ejercicios corporales y meditación, tendientes a liberar el alma de todo lo terrenal. Y no sólo eso, sino también apunta a acortar el ciclo de reencarnaciones que la filosofía hindú pronostica a aquélla (el alma), por la "suciedad" de su vida anterior. Debe reencarnarse tantas veces como sea necesario para purificarse por su propia fuerza y llegar a la redención, a la identificación con Brahma, el alma mundial. De allí se desprende que el alma está unida con lo divino, por consiguiente, el hombre no es imagen de Dios sino Dios mismo, afirma esta filosofía».[1]

El Bhagavat-gita, libro sagrado para los yoguis, dice que el yoga significa «concentrar la mente en el Supremo mediante el control de los sentidos» (p. 132).

Las razones que tiene el mundo para practicar esta «gimnasia» es la búsqueda de la felicidad o paz, cura del estrés, o simplemente relajación. Justamente eso fue lo que dijo el Dr. M.L. Gharote: «El Yoga viene en ayuda del hombre moderno. Da técnicas para salir del estrés y la tensión, enseña a aumentar la adaptabilidad y a encontrar la felicidad.»[2] Pero el yoga es mucho más que eso. El yogui español Madhana Mohan, afirma que «el yoga es entrega, servicio, desprendimiento, discernimiento, purificación. Son una serie de técnicas que no son fines en sí mismas, sino que son medios para lograr la experiencia última que postulan las verdades de la filosofía vedanta.»[3]

Existen diferentes escuelas, pero todas bajo los regímenes de la religión hindú, y bajo la supervisión de un gurú. Para Madhana Mohan, carecer de un guía es invalidar todo intento de vivir en la ciencia yoga. Entre las más conocidas están, la *Mantra yoga*, que prefiere fórmulas mágicas (*mantras*) que se repiten constantemente a modo de versos. Al fin pueden llegar a comunicarse con los dioses Shiva, Brahma o Vishnú, cuyos poderes traen la felicidad. El *Hata yoga*, con gran influencia entre las mujeres en la actualidad por su gimnasia. Contiene niveles superiores de gran compromiso espiritual, aunque solo cuatro etapas del *Raja yoga*. Solo que es para los que quieren ascender a otros niveles. Su directora es Mata Ji Indra Devi, de 93 años, y se cree que existen 500 institutos en Argentina dedicados a esta práctica. El *Suda Dharma Mandalam*, *Suda* significa pureza; *Dharma*, significa ley, y *Mandalam*, es organización o hermandad. Predica la realización de Dios y el amor en el interior del hombre, es decir la total liberación denominada *Nirvana*. Esta organización utiliza el *Suda Raya Yoga*, ciencia sintética de lo absoluto. Consiste en ejercicios de respiración con previa relajación corporal, combinados con invocaciones de poder para «fundirse» con el universo a través de la meditación trascendental. La *Sahaja yoga*, que significa innato, nacido con uno, en alusión a la energía que emana de la fuente divina. Su fundadora, Matajil Nirmala Devi, dice que «los caminos de búsqueda del poder, la hipnosis, la materialización de los objetos, los poderes de anticiparse y tener visiones, los de curación, la desconexión de la mente y la separación del cuerpo no son poderes divinos sino que se relacionan con el mundo muerto, con lo más grosero y que nada nos aportan».

La meditación

Mirabeau dijo: «El recogimiento y la meditación son las primeras potencias del hombre». Así también lo entienden los yoguis. Con la idea de autorrealización, el yoga propone la meditación que integra al individuo con las fuerzas cósmicas. Estas —según ellos— pueden darle a la persona el más alto grado de plenitud. Es la búsqueda de la iluminación. Nuevamente el yogui Madhana Mohan explica que «la meditación implica una actitud de vida y en esa actitud de vida el Karma tiene mucho que ver. Con la meditación nos desprendemos de nosotros mismos y sentimos que algo superior nos llena. El maestro transmite un *mantra* que es como una llama del gran fuego, que día a día con la práctica disciplinada va avivando, en vidas y vidas, en un proceso que repercute en el cuerpo y en la mente. El cuerpo siempre es la representación de la mente, del espíritu y todo lo que está en el cuerpo está en el espíritu previamente. El cuerpo se fortifica y se hace más sano con la meditación».

Para Héctor Raya, en las ceremonias de meditación se adora a los nombres de los supuestos «maestros de luz» que son los principales dirigentes de la secta[5].

En el Bhagavat-gita, encontramos que: «Los sentidos pueden llegarse a controlar por completo, únicamente en virtud del poder del servicio devocional que se le presta a Krisna. También se da el ejemplo del fuego: Así como un fuego ardiente quema todo lo que haya en un cuerpo, así mismo el Señor Vishnú, situado en el corazón del yogui, quema toda clase de impurezas. El *yoga-sutra* también prescribe meditar en Vishnú, y no la meditación en el vacío. Los supuestos yoguis que meditan en algo que no está en el plano de Vishnú, simplemente pierden el tiempo en una vana búsqueda de algo fantasmagórico. Tenemos que estar conscientes de Krisna —consagrados a la personalidad de Dios—. Esa es la finalidad del yoga» (p. 147). «Cuando uno se vuelve experto en la práctica de la meditación, suspende todas las actividades mentales perturbadoras» (p. 298).

La maestra hindú Nirmala Devi, cree que «para tener una buena meditación, solo hay que sentarse en una posición cómoda, con la respiración natural, cerrando los ojos, y permitiendo que la energía *kundalini* se movilice, al hacer una serie de movimientos para equilibrar el lado derecho y el izquierdo».

Antes de terminar, no podemos dejar de mencionar la *Meditación Trascendental*, sistema de meditación que se deduce de la oriental, muy difundida en occidente. Al estudiante de *MT* se le asigna un *mantra* que ha de repetir silenciosamente como un medio de dirigir sus pensamientos. Algunos tratando de independizarse de todo lo que sea re-

ligioso, u oriental, lo practican. Salvo que se han quedado
con las posturas y también con el uso de los *mantras*. Para
algunos críticos, es una variante más de la técnica conduc-
tista, sistema utilizado para ayudar a la persona a controlar
el conjunto de cuerpo/mente como una forma de escape de
la realidad.

Todas estas formas de meditación utilizan los *mantras*,
algunos en lengua oriental, otras en lengua occidental. Solo
que el fin es el mismo, llegar a ser Dios. Saint Germain lo
dice así: «Recuerda siempre: ¡Se llega a ser aquello en que se
medita!».[6] La pregunta obligatoria es: si yo medito en Dios,
—según los ocultistas— ¿qué terminaré siendo? La respuesta es obvia. ¡Ilusos! Ese fue el engaño del diablo desde
el principio, que hasta ahora ellos lo creen.

La meditación aprobada por Dios

(Advertencia y Reflexión)

F. Carlton Booth dice que «desde el punto de vista bíblico, la palabra griega *meletao*, traducida como "meditar",
aparece dos veces solamente en el Nuevo Testamento: 1) la
forma *promeletao*, "meditar con anticipación" (Lucas
21.14); y 2) *meletao*, "meditar", que significa ser cuidadoso,
preocuparse, ser diligente en estas cosas; de *melete*, cuidado
o práctica (1 Timoteo 4.15). En las formas diferentes del
Antiguo Testamento, dos palabras hebreas, *haga* y *siah*, se
traducen como "meditar". Ellas señalan a aquel silencio y
meditación secreta a la que se exhorta a los hijos de Dios.
La meditación es una conversación dentro de la mente la
cual se origina después el discurso. Es el susurro íntimo del
corazón. De esta forma, la meditación es una forma de de-

voción privada o ejercicio espiritual consistente en una profunda y continua reflexión sobre algún tema religioso».[7]

Sin duda, la meditación es un ejercicio espiritual muy valioso. Es aplicar el pensamiento a la consideración de algo. Es dirigir el pensamiento con un propósito único por la sencilla razón de que la mente no puede quedarse vacía. Debe ser disciplinada —como dice Pablo en Filipenses— a pensar bien, y si es posible solo en Dios, porque hay beneficios. Isaías dice: «Tú guardarás en completa paz a aquel cuyo pensamiento en ti persevere; porque en ti ha confiado» (Isaías 26.3).

Existe una gran diferencia entre la meditación yoga y la meditación del hijo de Dios. Cuando en el yoga propone que nos desprendamos de nosotros mismos y sugiere que algo superior nos tiene que llenar, como es imposible evitar pensar en algo, no podemos menos que pensar que son demonios los que aprovechan ese estado cataléptico. Así lo indica Watchman Nee cuando dice: «La gente, en general, no tiene mucho interés en ser poseída por el demonio, pero esta clase especial —se refiere a los que dejan la mente en blanco— siente un deseo intenso de serlo. Estos son los adivinadores, los médium, los nigromantes. Al observar con cuidado la causa de su posesión podemos entender el principio de la posesión por el demonio. Estas personas nos dicen que para poder estar poseído por lo que ellos llaman dioses (que en realidad son demonios) su voluntad no tiene que presentar resistencia alguna, sino estar dispuesta favorablemente a aceptar todo lo que llega a sus cuerpos. Para hacer la voluntad por completo pasiva, primero su mente tiene que quedar reducida al vacío. Un cerebro en blanco produce una voluntad pasiva. Estos dos elementos son los requisitos básicos para la posesión demoníaca. De aquí que un nigromante que está esperando que su "dios" entre en él, deja caer su cabello y mueve su cabeza durante cierto rato hasta que queda mareado y su mente permanece por completo fuera de acción. Cuando la mente está en blanco su voluntad, naturalmente, queda inmóvil. En este punto su boca empieza a moverse inconscientemente, su cuerpo empieza a temblar gradualmente, y en muy poco su "dios" desciende sobre él. Esta es una manera de llegar a ser poseído. Aunque puede haber otros, el principio para todo espiritista es el mismo: el llegar a la pasividad de la voluntad por el procedimiento de dejar la mente en blanco; porque todos los espíritus están de acuerdo en que cuando los espíritus o demonios descienden sobre ellos, su cabeza ya no puede pensar y su voluntad no puede actuar. No son poseídos todavía hasta que se alcanza este estado de una mente vacía y una voluntad inerte ... Los espíritus malignos sienten gran alegría cuando se dan estas dos condiciones, puesto que inmediatamente pueden comenzar su obra de tinieblas.»[8]

Ninguna parte la Biblia nos independiza de la responsabilidad consciente, y tampoco de la voluntad libre. Debemos siempre realizar las cosas con entendimiento. Cuando el individuo se evade de la realidad y busca de manera introspectiva dentro el tesoro, deja su mente libre para ser tomada por demonios. Por el contrario, el salmista dijo: «Dulce será mi meditación en Él; yo me regocijaré en Jehová» (Salmo 104.34). Por eso meditar es liberarse de toda preocupación o afán, y descansar en Dios. Es aquietar el alma delante del Señor, lo cual es sumamente difícil, porque el alma está muy acostumbrada a vagar. Ello se debe a que el género humano fue condenado a la vanidad y a la corrupción. Lleva encima de sí debido el pecado una carga muy pesada de inestabilidad y de sensibilidad. Está tan lleno de amor propio que todas sus acciones buscan confirmación del prójimo solamente. ¿Cómo podrá sacar el agua viva que corre fluidamente en las profundidades de la tierra, si siempre cava en la superficie? Así también es la forma que se requiere por medio de la meditación para extraer la savia bendita que vivificará nuestros espíritus. Profundizar bien hondo en los temas sugeridos para meditar correctamente; suprimir toda acción humana para que comience a actuar Dios. Solo entonces se cumplirá la promesa: «Estad quietos y conoced que yo soy Dios» (Salmo 46.10).

Madame Guyon dijo:

Nuestro interior no es una fortaleza que se toma por asalto a la fuerza, sino un reinado de la paz que es ganado por amor ... Si Dios reina en nosotros tan poderosamente que nada lo estorba, entonces nuestro interior es su Reino. Y si nosotros, por otra parte, poseemos a Dios, su reinado también pertenece a nosotros, donde la alegría es sobreabundante. Entonces solamente llegamos a alcanzar nuestra meta: de gozar de Dios en esta vida, con plenitud. Y servir así a Dios, significa reinar juntamente con Él.[9]

Entonces veamos los principios bíblicos fundamentales sobre la meditación que nos sirven como guía para el desarrollo de nuestra fe:

• Toda meditación debe hacerse delante del Señor: «Sean gratos los dichos de mi boca y la meditación de mi corazón delante de ti, Oh Jehová, roca mía, y redentor mío» (Salmo 19.14).

- Hay confirmación espiritual por su ejercicio: «En mi meditación se encendió fuego, y así proferí con mi lengua» (Salmo 39.3).
- El tiempo invertido en la meditación correcta produce prosperidad: «Y en su ley medita de día y de noche ... Y todo lo que hace, prosperará» (Salmo 1.2-3).
- Los temas para meditar sobre Dios son variados: Podemos meditar sobre la ley de Jehová: «Y en su ley medita» (Salmo 1.2). Sobre sus obras: «Meditaré en todas tus obras» (Salmo 77.12; 143.5). Sobre sus mandamientos: «En tus mandamientos meditaré» (Salmo 119.15; 119.148). Y sobre sus maravillas: «Para que medite en tus maravillas» (Salmo 119.27; 145.5).
- El ejercicio de la meditación produce gozo. «Dulce será mi meditación en Él; yo me regocijaré en Jehová» (Salmo 104.34). «Como de meollo y de grosura será saciada mi alma, y con labios de júbilo te alabará mi boca, cuando me acuerde de ti en mi lecho, cuando medite en ti en las vigilias de la noche. Porque has sido mi socorro, y así en la sombra de tus alas me regocijaré» (Salmo 63.5-7).
- Tendremos mucha paz si meditamos en Dios. «Tu guardarás en completa paz a aquel cuyo pensamiento en ti persevera; porque en ti ha confiado» (Isaías 26.3).
- Dios quiere también que meditemos en nuestros caminos: «Pues así ha dicho Jehová de los ejércitos: Meditad bien sobre vuestros caminos» (Hageo 1.5).

Glosario del yoga

Yoga: Integración del hombre con el medio superior y con sus semejantes.

Sánscrito: Idioma sagrado de los vedas.

Mantras: Palabras en sánscrito. Según el indólogo suizo Ernst Gobler, son sílabas mágicas, fórmulas ocultistas similares al «Abracadabra» o «Abraxas». Se transmiten de generación a generación de maestro a discípulo. Cada una de estas sílabas tiene una deidad que la preside.

Krisna: Ser supremo.

Mahadisha: Poseedor de fuerzas ocultas o mago.

Nirvana: Liberación total, felicidad suprema, conciencia cósmica. Es el estado de paz, ausencia de conflicto.

Devi, diosa: Matajil Nirmala Devi, y Mata Ji Indra Devi.

Kundalini: La energía femenina de la Gran Madre. Lleva al yogui a un estado de conciencia de Dios.

Samsara: Ciclo de nacimientos y muertes que experimenta el alma.

Karma: Resultado de las actividades de cada uno de acuerdo con sus obras.

Yin Yang: Armonía de los opuestos, equilibrio de las fuerzas del Universo.

Man: Mente.

Tra: Liberación.

Rama: La fuente del poder.

Bhagavat-gita: Canción del señor. Libro base del conocimiento del yoga.

Kleshas: Factor que desintegra la mente.

Prana: Energía vital que debe fluir a través del cuerpo. Se logra por medio de los ejercicios de Pranayama y Asana.

Pranayama y Asana: Posturas físicas básicas para el control de la respiración. Pero más que ejercicios respiratorios, son ejercicios mentales para controlar el sistema nervioso autónomo.

Yama y Niyama: Propuesta para el dolor.

Chitta Vritti Nirodha: Significa serenar los torbellinos de la mente. Es sinónimo de Samadhi.

Samadhi: Palabra técnica para definir la integración de la personalidad. Equilibrio interior, balance, armonía.

Naga Sadhu: Santones hindúes.

Brahmanes: Sacerdotes que dirigen las oraciones a orillas del río Ganges.

Karma yoga o Buddhi yoga: Cultivo de conciencia de Krisna o servicio devocional del Señor.

Capítulo 15

La perversión del pueblo de Cristo

Salomón dijo: «Esto he hallado: que Dios hizo al hombre recto, pero ellos buscaron muchas perversiones» (Eclesiastés 7.29).

Jesús en cierto momento llamó a sus discípulos «generación incrédula y perversa» y a los judíos «generación contumaz y rebelde». Hagamos una descripción de cada palabra: La «incredulidad» ya sabemos que tiene que ver con la falta de fe, pero, ¿y la «perversión»? Podemos definir este término como: «Torcer el camino», «tergiversar un sentido», «desviarse de la senda», «cambiar una verdad absoluta en relativa». Lo que el diccionario llama, «estado de corrupción en las costumbres y sentimientos ...o modificar el estado o el orden de las cosas». Parece ser que esta segunda estrategia del diablo es efectiva. La primera tiene que ver con hacer todo lo posible para que la gente no crea, y la segunda, si cree, hacer todo lo posible para que crea mal.

¿Quiénes son los creyentes perversos?

Existen muchos de ellos en las iglesias. «Solo el tiempo puede revelarnos al hombre justo; —afirma Sófocles— al perverso se le puede conocer en un solo día». Pero se puede decir que los tales tienen su propio evangelio. La mayoría son anárquicos y emocionales. Han definido por propia opinión su propia práctica religiosa. Pablo da indicaciones para que en la iglesia de Corinto se tomarán medidas con un creyente perverso. Dice: «Quitad, pues a ese perverso de entre vosotros» (1 Corintios 5.13). La medida de fuerza es drástica. «Y severo serás para con el perverso» (Salmo 18.26). La ley judía da algunos sinónimos para la perversión. «Generación torcida y perversa. ¿Así pagáis a Jehová, pueblo loco e ignorante? (Deuteronomio 32.5-6). Y también menciona la actitud de Dios para con los mismos. «Y dijo: Esconderé de ellos mi rostro, veré cuál será su fin; porque son una generación perversa, hijos infieles» (Deuteronomio 32.20).

El libro de Proverbios menciona las consecuencias para los perversos, dice: «Espinos y lazos hay en el camino del perverso; el que guarda su alma se alejará de ellos». Y también en el mismo capítulo menciona el remedio: «Instruye al niño en su camino, y aun cuando fuere viejo no se apartará de él» (Proverbios 22.5-6).

La perversión es un estilo de vida paralelo al evangelio de Jesucristo. Es «otro evangelio». La persona se considera sabia en su propia opinión. Adquirió una filosofía personal que confunde como si fuera el verdadero evangelio de Jesucristo. Es cierto que en cualquier comunidad muchos no asisten a la iglesia, y sin embargo se sienten en paz con Dios. Dicen: «Leo la Biblia, oro, y tengo paz con Dios». Se justifican como buenos creyentes por el simple hecho de que creen que no son malos. Lo ven como si la salvación fuese por obras. Han confundido el evangelio con una filosofía barata, como si solamente nuestra conducta ética ayudara a Dios. Muchos que proceden así solo agradan al diablo. Se han desviado siguiendo su propio camino. Después, para ellos, vendrá el desconsuelo y la desesperanza.

¿De dónde proviene la perversión?

Encuentro dos razones, una la da Juan Wesley y la otra Watchmam Nee.

Juan Wesley dice:

Llevar personas a la conversión sin hacer nada subsecuentemente para su instrucción, es engendrar hijos para el homicida, el diablo.

Muchos son creyentes que han crecido como parias en el evangelio, y el orgullo los ha hecho independientes. Nadie los discipuló. La exhortación para ellos no existe, porque no lo permitieron nunca. Seguramente si alguien los quiso guiar, fue lo último que intentó. Cuando uno los interroga sobre su decisión del porqué son así, siempre les echan la culpa a otros. La mayoría aduce problemas afectivos, falta de integración, o indiferencia de otros. Estas son algunas de las razones que les sirven como excusas a aquellos que se justifican en todo.

De acuerdo al pasaje que citamos anteriormente, el momento cuando Jesús llama a sus discípulos perversos ocurre antes de su ascensión. Pronto Él ascendería y necesitaba ver actitudes maduras en sus discípulos. Debía estar tranquilo sobre quienes quedarían representándolo. En otras palabras, si no hay una enseñanza cabal, firme, segura, conforme a la verdad pura del evangelio con los nuevos creyentes, tendremos a muchos de estos perversos, sirviendo más a los propósitos del diablo que a los de Dios.

Por su parte, Watchmam Nee dice que la razón de la perversidad se da por no andar en el camino del espíritu, sino en el de la mente. Esto le hace al creyente cambiar los parámetros, en vez de andar por fe, anda por vista. En vez de ser guiados por la intuición, es guiado por la lógica. Es el tipo de creyente anímico. No ha variado su forma de pensar, ni siquiera por la regeneración.

Algunas formas de perversión

Estas características de vida, favorecen el dominio del diablo. La iglesia sufre mucho por tener a este tipo de creyentes. Son los vasos para deshonra (Romanos 9.21). Cuanto antes comencemos a tratar con este tipo de creyentes, mucho mejor. Lo cierto es que será duro, porque son muy difíciles de tratar. A menos que sean verdaderos creyentes, el Espíritu Santo deberá trabajar horas extras con ellos y con nosotros. Porque tratar con ellos desgasta mucho. Si logran encausarse habremos ganado un hermano muy valioso para la obra de Cristo.

El de doble ánimo. La hipocresía es muy común en la iglesia. De lo contrario el progreso del evangelio sería mucho más rápido, y las comunidades se verían transformadas eficazmente. El doble ánimo, no se muestra solo en no tener regularidad ministerial o ser inestable de carácter, sino también en una vida doble. En la casa muchos son demonios, y en la iglesia son santos. Delante del pastor, del papá o del policía, son una cosa, a espaldas son otra. Los tales nunca recibirán nada de Dios, sino solo su repulsión. «Porque el que duda es semejante a la onda de la mar, que es arrastrada por el viento y echada de una parte a otra. No piense, pues, quien tal haga, que recibirá cosa alguna del Señor. El hombre de doble ánimo es inconstante en todos sus caminos» (Santiago 1.6-8).

El amigo del mundo. Muchos creyentes llevan una doble vida. No han abandonado las cosas de este mundo, y les cuesta el desarraigo. No saben dejar nada por el evangelio, mucho menos lo terrenal. «No améis al mundo, ni las cosas que están en el mundo. Si alguno ama al mundo, el amor del Padre no está en él. Porque todo lo que hay en el mundo, los deseos de la carne, los deseos de los ojos, y la vanagloria de la vida, no proviene del Padre, sino del mundo» (1 Juan 2.15-16). «¡Oh almas adúlteras! ¿No sabéis que la amistad del mundo es enemistad contra Dios? Cualquiera, pues, que quiera ser amigo del mundo, se constituye enemigo de Dios» (Santiago 4.4).

El sabio en la propia opinión. La experiencia y la cultura nos dieron un conocimiento. Si bien no es desechable, no se puede comparar con el conocimiento que viene a partir de Cristo. Simplemente queda como locura. Por eso, a partir de Cristo todo es nuevo. Aun nuestro proceso para pensar y decidir. ¡Cuidado con pretender ser sabios o entendidos! «No seáis sabios en vuestra propia opinión» (Romanos 12.16).

El contumaz. Errar una vez es humano; dos veces, necedad; tres veces, diabólico. Lo primero es por ignorancia, lo segundo es por falta de entendimiento, lo tercero es por contumacia. «Sabe el Señor librar de tentación a los piadosos, y reservar a los injustos para ser castigados en el día del juicio; y mayormente a aquellos que, siguiendo la carne, andan en concupiscencia e inmundicia, y desprecian el señorío. Atrevidos y contumaces, no temen decir mal de las potestades superiores» (2 Pedro 2.9-10).

El descuidado en el hablar. No se puede hablar sin entendimiento. Como decir bromas de mal gusto, o referirse a los defectos de los hermanos. O aun decir palabras fuertes, que no llegan a ser malas palabras, pero tienen el mismo peso de maldición. Todo eso tiene sus consecuencias. No todos tienen el mismo carácter para soportar una ofensa. Cuántos han dejado de asistir a una iglesia por bromas «inocentes» que resultaron ser de muy mal gusto para los que se sintieron ofendidos. Lo dice la Palabra: «Pero éstos, hablando mal de cosas que no entienden, como animales irracionales, nacidos para presa y destrucción, perecerán en su propia perdición, recibiendo el galardón de su injusticia ... Han dejado el camino recto, y se han extraviado siguiendo el camino de Balaam hijo de Beor, el cual amó el premio de la maldad» (2 Pedro 2.12-13,15).

El indispuesto para la obra del evangelio. Al igual que las mujeres que sufren su indisposición menstrual, así también hay creyentes que sirven, pero con dolores. Les cuesta mucho hacer algo, no tiene verdadero espíritu de sacrificio. Hay que insistir con ellos, hasta rogarles. Confieso que en un tiempo lo hice. Usaba las palabras de Pablo para motivar a los hermanos a que trabajaran. Les decía: «Os ruego por las misericordias de Dios». Hoy no lo hago más, porque estoy tirando piedras preciosas a los chanchos. Los hermanos que tienen dones y talentos y no los quieren poner al servicio del Señor, serán tratados como inútiles y desechados por Dios. De hecho, lamentablemente lo he visto mucho. Debe ser un privilegio trabajar por la causa de Cristo, y desarrollar los dones y talentos que Dios nos dio. Algunos que tienen el tiempo, la aptitud o capacidad para hacerlo, no tienen la actitud. Cuidado, la Escritura sentencia: «Maldito el que hiciere indolentemente la obra de Jehová» (Jeremías 48.10).

Capítulo 16

Las maldiciones

Cuando era adolescente, escuchaba a una vecina que repetía constantemente que su vida era una maldición, nadie le prestó atención hasta que se suicidó. Justificó la frase de José Zorrilla, y me temo que no fue la única que hizo lo mismo: «Broté como una planta maldecida al borde del sepulcro de un malvado.» En verdad su vida era una maldición, y decidió terminarla. ¿Acaso fue un acontecimiento aislado y sin ninguna causa, o formó parte de un hecho inevitable? Veremos que nada es casualidad y que muchas cosas que ocurren son parte de un plan bien estructurado, y que a veces las maldiciones que recibimos pueden ser evitadas. Que en definitiva somos nosotros los únicos responsables de lo que cosechamos, y que el pecado más grande que cometemos a veces es el de ignorar estas cosas.

En la Biblia existen muchos casos de maldiciones. A Abraham se le dijo: «En ti serán benditas todas las familias de la tierra, benditos serán los que te bendijeren, y malditos los que te maldijeren» (Génesis 12.3). Noé maldijo a Cam porque descubrió su desnudez (Génesis 9.25). E Isaac a Esaú (Génesis 27.34-38). Pero el pecado es la maldición más grande (Romanos 3.23; 6.23).

La maldición es una arma mortífera

Como misiles teledirigidos de altísimo poder destructivo, así son también las maldiciones que surcan el aire, y son disparadas por la artillería pesada del diablo. Nacen como un deseo maligno en el corazón perverso del hombre con el único objetivo de destruir al enemigo. Luego se convierten en sentencias que son confesiones en los labios de algún inicuo. Es el famoso «maldito seas». A esto mismo se refería Jesús cuando dijo: «Pero lo que sale de la boca, del corazón sale; y esto contamina al hombre» (Mateo 15.18). Porque «hay hombres cuyas palabras son como golpes de espada» (Proverbios 12.18). Es la boca de los malos, están, —dice el salmista— «llenas de maldición» (Salmo 10.7). Toda maldición lleva implícita un castigo. «No acuses al siervo ante su señor, no sea que te maldiga y lleves el castigo» (Proverbios 30.10).

La observación de Dios sobre el tema, es que el creyente no puede tener al mismo tiempo su boca llena de maldición, y de bendición (Santiago 3.8-10). Por eso el Señor es tan estricto con los insultos y palabras vanas. Sentenció que «cualquiera que diga: Necio, a su hermano, será culpable ante el concilio; y cualquiera que le diga Fatuo, quedará expuesto al infierno de fuego» (Mateo 5.22). Lo que hablamos nos liga al cielo o al infierno. Solo que las maldiciones llevan en sí castigo. Proverbios 18.21 dice que la vida y la muerte están en poder de la lengua. Aquí se demuestra que quien no bendice, destruye al prójimo cuando sentencia una maldición.

Básicamente la maldición es un deseo audible que lleva en sí misma una misión suicida. Podría decirse que mata y expira en su consumación. Lo expreso de esta manera para que puedan entender que hasta que la maldición no cumpla su cometido, no desistirá. Porque básicamente maldecir es invocar a los demonios, y los demonios están comprometidos solamente con matar y destruir.

Para Salomón toda maldición debe ser justificable, él dice: «Ninguna será sin causa» (Proverbios 26.2). En el libro de Job se nos da a entender que son los deseos de infortunio y castigo para con el enemigo (Job 31.29-30). Como aquel que sufrió el mal, tarde o temprano lo olvidará, pero el que lo cometió tarde o temprano lo lamentará.

La maldición deja de ser un simple deseo para convertirse en una saeta maligna, portando en sí misma un veneno mortal. Según Zacarías 5.1-4, las maldiciones andan de un lado a otro hasta encontrar a sus victimas y consumirlas. En Deuteronomio 28.2,15, viajan hasta alcanzar a los desobedientes. Como lo dijo el profeta Ezequiel: «Así ha dicho Jehová el Señor: Un mal, he aquí que viene un mal. Viene el fin, el fin viene; se ha despertado contra ti; he aquí que viene» (Ezequiel 7.5-6). Y en Génesis 12.3, es la retribución justa para quien hace lo propio. Si bendice, será bendito, pero si maldice, será maldito. Dios lo garantiza con su persona. No en vano la Escritura dice: «La maldición de Jehová está en la casa del impío» (Proverbios 3.33).

¿De qué depende la maldición para que prospere?

El progreso de una maldición depende básicamente de dos cosas: De un emisor efectivo, y de un receptor efectivo.

El emisor efectivo de la maldición

Este emisor debe cumplir con dos requisitos: pronunciar la maldición y amar la maldición. A veces son personas que hablan descuidadamente, otras a sabiendas y con aviesa intención. Sus expresiones verbales son vulgares y carentes de todo sentido racional que los termina enlazando con el reino de las tinieblas.

Pronunciar la maldición

Sobre este primer requisito de estar dispuesto a pronunciar la maldición nos dice la Palabra: «Y éstos estarán sobre el monte Ebal para pronunciar la maldición» (Deuteronomio 27.13). Este es el veredicto imparcial de un juez implacable. Cree formar parte de una causa justa y procede a aplicar la sentencia. La misma se vale de la palabra confesada. A modo de un conjuro, a la maldición se le suma el poder del hechizo (Véase «hechicería» en el Capítulo 17). Por eso Salomón dice: «El que bendice a su amigo en alta voz, madrugando de mañana, por maldición se le contará» (Proverbios 27.14). Detrás de la palabra va el espíritu con que fue pronunciada. Por eso el poder de una maldición no reside tanto en las palabras, sino en que hay demonios detrás de ella. Es una acción espiritual que prevalece contra quien fue dicha. No importa la distancia, ni las circunstancias, cumplirá su cometido, porque no hay palabra que pronuncien nuestros labios que no nos enlacen con el bien o con el mal. Trato de atraer la atención al poder de la palabra confesada porque la palabra no es solamente un sonido de labios, sino un agente poderoso con una misión para bien o para mal. «Pues la palabra ... es con potestad» (Eclesiastés 8.4). Y en el caso de una maldición, fatal. Así lo fue cuando Jesús la pronunció sobre la higuera estéril que inmediatamente se secó (Marcos 11.14,20-21). Por eso «una maldición» es un peligro tan real para el raquítico espiritualmente, como lo es un precipicio para cualquier persona desprevenida.

Amar la maldición

Maldecir es parte de un ejercicio público. De los tales, Juan de Zabaleta (1610-1670), el notable escritor español, dijo: «Los maldicientes son bien oídos, pero mirados con desprecio.» Ese es un precio, aquí va otro: «Amó la maldición, y ésta le sobrevino; y no quiso la bendición, y ella se alejó de él. Se vistió de maldición como su vestido, y entró como agua en sus entrañas, y como aceite en sus huesos» (Salmo 109.17-18). Son precios muy altos que paga quien se entrega a esta vil tarea. Como se dijo del diablo, así también tendría que decirse de quien maldice: «Promete mucho, paga poco, y quita todo.» La sentencia es clara: «El que da mal por bien, no se apartará el mal de su casa» (Proverbios 17.13).

El receptor efectivo de la maldición

Es claro que, maldiga el diablo o Dios, la consecuencia es la misma: maldición al final. De parte del diablo, se puede llamar «maldición», «trabajo» o «hechizo», pero de parte de Dios, «condición de anatema». Porque: «¿Quién será aquel que diga que sucedió algo que el Señor no mandó?» (Lamentaciones 3.37). O: «¿Habrá algún mal en la ciudad, el cual Jehová no haya hecho?» (Amós 3.6).

Solo que para que una persona sea un receptor efectivo de la maldición debe cumplir varios requisitos. Por supuesto, me resisto a creer que alguien a sabiendas esté dispuesto a convertirse en un receptor efectivo. Solo me resta atribuirle al diablo la capacidad de entenebrecer la mente y anular la razón para que la persona tome una decisión auto-destructiva (2 Corintios 4.4). Veamos quiénes entonces son los receptores efectivos: Tal vez Deuteronomio 27.15-26, sea el texto más completo para ilustrar este punto, entre otros que veremos. En estos pasajes se nos dice que:

1. Recibe maldición quien fabrica ídolos: «Maldito el hombre que hiciere escultura o imagen de fundición, abominación a Jehová, obra de mano de artífice, y la pusiere en oculto» (v. 15).

2. Recibe maldición quien adora ídolos: «Me dijo Jehová: Del norte se soltará el mal sobre todos los de esta tierra ... Y a causa de toda su maldad, proferiré mis juicios contra los que me dejaron, e incensaron a dioses extraños, y la obra de sus manos adoraron» (Jeremías 1.14,16).

3. Recibe maldición el que deshonra a su padre y a madre. «Maldito el que deshonrare a su padre o a su madre» (v. 16).

4. Recibe maldición el que oprime a su prójimo. «Maldito el que redujere el límite a su prójimo» (v. 17).

5. Recibe maldición el que hace errar al prójimo. «Maldito el que hiciere errar al ciego en el camino» (v. 18). O como lo advirtió Jesús: «Y cualquiera que haga tropezar a alguno de estos pequeños que creen en mí, mejor le fuera que se le colgase al cuello una piedra de molino de asno, y que se le hundiese en lo profundo del mar» (Mateo 18.6).

6. Recibe maldición el que se aprovecha del prójimo necesitado. «Maldito el que pervirtiere el derecho del extranjero, del huérfano y de la viuda» (v. 19).

7. Recibe maldición el que adultera. «Maldito el que se acostare con la mujer de su padre, por cuanto descubrió el regazo de su padre» (v. 20).

8. Recibe maldición el que realiza el acto sexual con animales. «Maldito el que se ayuntare con cualquier bestia» (v. 21).

9. Recibe maldición el que se une sexualmente con parientes. «Maldito el que se acostare con su hermana, hija de su padre, o hija de su madre» (v. 22).

10. Recibe maldición el que se une sexualmente con su suegra. «Maldito el que se acostare con su suegra» (v. 23).

11. Recibe maldición el que es traicionero. «Maldito el que hiriere a su prójimo ocultamente» (v. 24).

12. Recibe maldición el que es partícipe necesario en un crimen. «Maldito el que recibiere soborno para quitar la vida al inocente» (v. 25).

13. Recibe maldición el que sabiendo todo esto, es como si no lo supiese. «Maldito el que no confirmare las palabras de esta ley para hacerlas» (v. 26). Y Pablo agrega: «Maldito todo aquel que no permaneciere en todas las cosas escritas en el libro de la ley, para hacerlas» (Gálatas 3.10).

14. Recibe maldición el que aparta sus ojos del pobre: «El que da al pobre no tendrá pobreza; mas el que aparta sus ojos tendrá muchas maldiciones» (Proverbios 28.27).

15. Recibe maldición el que traspasa la ley de Dios: «Todo Israel traspasó tu ley apartándose para no obedecer tu voz; por lo cual ha caído sobre nosotros la maldición y el juramento que está escrito en la ley de Moisés, siervo de Dios; porque contra él pecamos ... Por tanto, Jehová veló sobre el mal y lo trajo sobre nosotros» (Daniel 9.11,14).

16. Recibe maldición el que hace la obra del Señor indolentemente. «Maldito el que hiciere indolentemente la obra de Jehová» (Jeremías 48.10).

17. Recibe maldición el que confía en el hombre absolutamente. «Maldito el varón que confía en el hombre» (Jeremías 17.5).

18. Recibe maldición el que le roba a Dios. «Malditos sois con maldición, porque vosotros, la nación toda, me habéis robado» (Malaquías 3.9).

La condición de anatema como maldición

La Ley Mosaica era clara con quien recibía condición de anatema. «Ninguna persona separada como anatema podrá ser rescatada; indefectiblemente ha de ser muerta» (Levítico 27.29). En Josué 6.17-19; 7.1,12-15, se mencionan cuales son algunos requisitos para recibir esta clase de maldición.

1. Recibe condición de anatema quien se enfrenta al pueblo de Dios. «Y será esta ciudad anatema a Jehová, con todas las cosas que están en ella; solamente Rahab la ramera vivirá, con todos los que estén en casa con ella, por cuanto escondió a los mensajeros que enviamos» (6.17).

2. Recibe condición de anatema quienes toman bienes ofrecidos a los demonios, cuando los mismos deben ser destruidos totalmente. «Pero vosotros guardaos del anatema; ni toquéis, ni toméis alguna cosa del anatema, no sea que hagáis anatema el campamento de Israel, y lo turbéis» (6.18). «Por esto los hijos de Israel no podrán hacer frente a sus enemigos, sino que delante de sus enemigos volverán la espalda, por cuanto han venido a ser anatema; ni estaré

más con vosotros, si no destruyereis el anatema de en medio de vosotros. Levántate, santifica al pueblo, y di: Santificaos para mañana; porque Jehová el Dios de Israel dice así: Anatema hay en medio de ti, Israel; no podrás hacer frente a tus enemigos, hasta que hayáis quitado el anatema de en medio de vosotros» (7.12-13).

3. Recibe condición de anatema quienes prevarican. «Pero los hijos de Israel cometieron una prevaricación en cuanto al anatema; porque Acán hijo de Carmi, hijo de Zabdi, hijo de Zera, de la tribu de Judá, tomó del anatema; y la ira de Jehová se encendió contra los hijos de Israel» (7.1).

4. Recibe condición de anatema quien es responsable de tomar las cosas del enemigo. «Y el que fuere sorprendido en el anatema, será quemado, él y todo lo que tiene por cuanto ha quebrantado el pacto de Jehová, y ha cometido maldad en Israel» (7.15).

5. Recibe condición de anatema quien no ama a Jesucristo. «El que no amare al Señor Jesucristo sea anatema. El Señor viene» (1 Corintios 16.22).

¿Cuándo no prospera la maldición?

Ninguna maldición prospera cuando el que pronuncia la maldición no tiene respaldo activo por parte de un deseo maligno y una actitud maligna de corazón. La maldición se convierte en «meras palabras» (2 Reyes 18.20). Mucho más si el posible receptor se encuentra fuerte en el espíritu. Pero si se descuidó un poco, y le dio base legal al diablo para hacer que prospere la maldición en contra suya, le queda elegir rápidamente la bendición. Si está desprevenido, no podrá ejercer ninguna acción evasiva. Recibirá el golpe, que puede tener consecuencias inevitables. Por eso dice Dios: «He aquí pongo delante de vosotros la bendición y la maldición» (Deuteronomio 11.26), y establece como única condición para evitar la maldición el oír con atención a estas prescripciones (Deuteronomio 11.27). Acogernos al favor de Dios, y apelar a su misericordia es una muy buena medida de prevención.

Por último, evita la maldición quien está protegido por la sangre de Jesús (Apocalipsis 12.11). Este es el único antídoto que protege absolutamente en todo tiempo y lugar, porque no hay maldición que prospere ante la sangre de Cristo.

En conclusión: ¿Qué debe hacer el creyente? Debe bendecir a los que lo maldicen (Lucas 6.28).

Capítulo 17

Magia, brujería, curanderismo y hechicería

Para toda práctica religiosa hay discípulos, tal vez sea obvio decir esto, pero resulta una contradicción reconocer la práctica en sí independientemente de sus representantes. Se encuentran en cada ciudad y tienen domicilio fijo. Para el conocimiento de la gente común puede parecer inofensivo, pero para el creyente versado en la guerra espiritual no es así, porque sabe que cada uno de estos domicilios permite la concentración de los demonios. Porque son en esos lugares donde hay invocación y convocatoria de demonios, y los que permiten tal práctica, son emisarios del diablo.

Aunque hagamos a continuación una discriminación del servicio de Satanás, nos encontraremos con tareas que se entremezclan entre sí. Porque todo brujo hace hechizos, y todo curandero oficia de brujo, y tanto el mago como el brujo, así como el curandero prestan un solo servicio al príncipe de las tinieblas. Porque básicamente, los tales ofician de intermediarios para que los demonios actúen sobre quienes ellos designan. Lo demás es problema de semántica. Consideraremos brevemente algunos elementos de todas estas prácticas diabólicas.

Magia

Para algunos, la palabra «mago» tiene su origen en la palabra persa-iraní *«magus»*, que se tradujo como hechicero (para el mal); luego significó «profundo». Ellos formaban una de las seis tribus de los medos siendo sacerdotes de Zaratustra. Originalmente identificó a un grupo racial en Media, pero después fue sinónimo de «caldeo». Eran los sabios que aconsejaban en la corte de los reyes. De ellos, y en un período anterior al de la Grecia histórica, surgió también el nombre caldeo de *Maghdim*, que equivale a «sabiduría suprema» o filosofía sagrada. De este modo, la simple etimología indica que la magia era síntesis de las ciencias poseídas por los *magi*, o filósofos de la India, Persia, Caldea y Egipto, que eran los sacerdotes de la naturaleza, los patriarcas del conocimiento y los fundadores de aquellas grandes civilizaciones cuyas ruinas todavía soportan, sin derrumbarse, la carga de sesenta siglos.

Para otros, su nombre procede de la palabra griega *«magos»*, que significa mago, y *«Magela»*, que significa magia, y que no son sino permutaciones de los términos *MOG*, *MEGH*, *MAGH*, que en Pehlvi y en Zen, ambos idiomas del Antiguo Oriente, significan «sacerdote», «sabio» y «excelente».[1]

Según el brujo de Argentina, Las Heras: «Hay una profunda crisis de credibilidad en todo aquello que se supone razonable ... por eso hay gente que se abre al pensamiento mágico».[2] En otras palabras, se abre al compromiso espiritual con lo oculto y demoníaco.

En consecuencia, el hecho de conjurar fuerzas demoníacas en alguna materialización encarnada, fue siempre una de las supremas hazañas a las que el mago aspiraba, y figuró de modo destacado en la historia de la magia práctica.

La tarea principal del mago es imponer su voluntad sobre la del ser maligno, pero esto se torna un poco más fácil porque la mayoría de los propósitos para los cuales él lo necesita son también malignos, o considerados así en conjunto por la sociedad: obtener riqueza y poder terrenal con métodos inescrupulosos, hacer que muchachas inocentes hagan lo que él quiere que hagan, etc. De modo que, como ocurre con los entrenadores de perros y focas, el mago está explotando propensiones preexistentes.

No obstante, solo lo hace a un precio. Para empezar, tiene que invertir años de estudio y desarrollo interior en la adquisición de las habilidades y la voluntad necesarias; y si no puede asegurarse los servicios del demonio sin firmar un contrato con sangre de su corazón, a su debido tiempo descubrirá que paga en una proporción exorbitante por sus placeres terrenales. La iglesia sostiene que él pagará de todos modos su precio, haga o no contrato, pues la mera práctica de la magia es un pecado que él tendrá que expiar.[3]

Quien da crédito a la magia considera lo divino como concentrado en determinados elementos de la Naturaleza, en ciertas personas, actos y objetos, e intenta hacerlos suyos ... En vez de plantearse el problema de la existencia de Dios, trata de posesionarse de lo divino.[4]

Kurt Koch, citando a Paul Diepgen, distingue tres tipos de magia. «En primer lugar está la magia negra, que apela a los demonios, o a su jefe el diablo, y practica la hechicería y el maleficio. Después, la magia religiosa o blanca, que se vale de pensamientos religiosos con carácter supersticioso (por ejemplo, el empleo terapéutico de versículos de la Biblia, oraciones escritas que sanan al repetirlas, etc.) Medios que a veces resultan por autosugestión. Y en tercer lugar está la que llamaríamos magia natural, la cual, sin tener ninguna relación con los factores nombrados, demuestra tener una comunicación misteriosa y desconocida, pero puramente natural con las cosas que van más allá de lo esencialmente natural y que busca la acción mágica de estas comunicaciones por medio de influencia o sugestión».[5] La magia negra está bien identificada. Trata de producir resultados horrendos por medio de maldiciones, o encantamientos y alianza con espíritus malignos. pero la magia blanca confunde por parecer inofensiva. Es la que trata de deshacer el efecto de la magia negra para el bien de uno mismo o de otros. Su aureola de religión la muestra como algo que no lleva en sí peligro. Lamentablemente muchos terminan cautivos y oprimidos por el diablo. Claro, son seducidos por «el ángel de luz» que vino a confundir y a destruir.

La ley prohibía terminantemente toda participación con las tinieblas. Sin embargo, los magos en el tiempo bíblico formaban un oficio especial muy prestigioso (Génesis 41.8; Daniel 2.2). No podían convivir con el pueblo de Dios (Deuteronomio 18.11). Y por intervención de los magos el pueblo cayó bajo la ira de Dios (Isaías 47.9).

Veamos cómo describe el evangelista Lucas en Hechos 13 y 19, el encuentro que Pablo tuvo con los magos. Barjesús no tenía mucho peso como mago, pero sí como falso profeta (v. 6). Elimas era más prestigioso y oponía resistencia a los siervos de Dios (v. 8). Trataba de apartar de la fe al procónsul (v. 8). ¿Qué hizo Pablo? Observemos:

1. Se aseguró que estaba lleno del Espíritu Santo (v. 9). Condición fundamental para cualquier servicio en la obra del Señor. Sin esta condición no hagamos nada.

2. Fijó sus ojos en el mago (v. 9). Nunca los demonios pueden soportar mirar al que los confronta por medio de aquél a quien tienen poseído. He notado que solo lo hacen cuando saben que van a ganar en la confrontación. Antes de continuar, explico a que me estoy refiriendo. Ganan cuando el poseído le otorga cierto valor a la presencia de los espíritus inmundos. Ya sea porque no quiere reconciliarse con alguien o no quiere renunciar a pecados ocultos, o cuando el que los confronta esta falto de poder. Hay varias razones para esto, no solo la falta de consagración o de santidad de quien los confronta, sino también por falta de ayuno (Mateo 17.21). De todos modos, es normal que no quieran mirar. Recuerdo que en una confrontación, un demonio me dijo: «No puedo verte porque te veo todo rojo.» Aleluya, era la sangre de Cristo que me revestía.

3. Lo confrontó con la verdad (v. 10). No hay otra forma de corregir al pecador, si no es con la verdad. Pablo lo desenmascaró. Era tanta la autoridad de Pablo para reprender que Elimás no pudo refutarlo y se sometió. El procónsul presenciaba todo, y quedó maravillado (v. 12). Ya lo dice el evangelio: «Conoceréis la verdad y la verdad os hará libres.»

4. Lo sentenció (vv. 11-12). Aquí vemos el respaldo que Pablo tenía. Las señales lo seguían por todas partes. Des-

pués de muchas confrontaciones con emisarios del diablo, afirmó lo mismo, Dios respalda a sus siervos.

En Hechos 19.19, el término original de «practicado la magia», es *perierga* y significa «vanas artes», o «artes mágicas», o «artes ocultas», cuya raíz da la idea de que interferían en la vida de otras personas para su daño por estos medios. El poder del evangelio fue determinante para que estas personas abandonaran la magia y quemaran todos sus libros.

Hoy la práctica casera de la magia parece ser un juego inofensivo y comienza como una ocurrencia graciosa. Solo que el mago presupone poderes ocultos a los cuales invoca en cada una de sus ceremonias. El mago busca la influencia sobre la materia sin la participación de la acción física. Y para que ello ocurra, deben intervenir los demonios.

La visita de los magos en el nacimiento de Jesús

La participación de estos magos nos enseña varias cosas. Aunque los judíos consideraban paganos a estos hombres venidos de lejos, Dios miró sus corazones y los aprobó. También enseñó a los judíos que muchos con menos condiciones que ellos podían descubrir la voluntad de Dios y cumplirla. Ellos tenían la ley, pero los magos conocían a Dios por medio de la naturaleza. Observaban detenidamente el cielo y cuando apareció una nueva estrella, por su gloria se dieron cuenta que era especial. «Y al ver la estrella se regocijaron» (Mateo 2.10). A lo mejor no supieron exactamente de que se trataba pero descubrieron que había una gran bendición por el destello de gloria que dejaba en su curso. O tal vez recordaron palabras que habían escuchado del Judaísmo como: «Saldrá ESTRELLA de Jacob, y se levantara cetro de Israel» (Números 24.17).

Una vez más Dios nos demuestra que a todos atraerá a sí, sin que importe cuan comprometida esté la persona con el ocultismo. Estos magos simbolizan el día cuando las gentes de todas las naciones recibirán a Cristo como Salvador del mundo. ¡Amén! Porque todo está bajo su absoluta soberanía.

Brujería

En la Edad Media, se vivió el tiempo más oscuro en la historia de la humanidad. La famosa quema de brujas hizo que terminarán en la hoguera muchas brujas, y sin duda también muchos inocentes. Se recuerda el juicio a las brujas de Salem en el siglo XVIII. Kurt Koch cuenta en su libro «*El Diccionario del Diablo*», que en 1934 una mujer fue quemada viva dentro de su casa porque el pueblo creyó que era embrujadora de caballos. También se cuenta que en 1951, dos hombres en Luneburge Heath pegaron fuego a la casa de una supuesta bruja. La anciana pudo ser salvada, pero dos de sus parientes murieron en las llamas.[6]

Hoy también están de moda los brujos y las brujas. Se venden brujitas de adorno en casi todas las tiendas. Búhos y otros animalitos son los diferentes objetos que adornan las casas. Son los fetiches y amuletos que la gente compra o los reciben como regalos del mejor amigo, porque les atribuyen un poder sobrenatural. El creyente no debe creer que todo es inofensivo. Muchos me dicen: «Yo no creo en eso.» A lo cual inmediatamente respondo que yo sí creía. Solo que le doy el lugar que debe ocupar porque es un poder real. La mayoría de lo que los brujos hacen son hechos reales, y aunque algunas cosas son fantasías, no obstante Dios prohíbe todo lo que ellos hacen. He ahí la diferencia. Sus conjuros y mezcla de pociones tienen poder para el mal. Claro está que el diablo también niega realismo a lo que hacen sus emisarios, y mucha gente expresa que no creen y terminan negando su poder, lo cual en verdad no impide que sea efectivo. Mientras, ese poder sigue actuando para destruir a muchas personas incautas.

Hemos comprobado que en muchos casos, el mal comenzó a partir de haber recibido un simple regalo, o beber un vaso de agua, o fumar un cigarrillo que alguien le brindó. Usted dirá: «Bueno no vamos a andar sintiéndonos perseguidos, porque entonces ya no es vida.» ¿Acaso no dice Pablo en 1 Corintios 10.25-27, que por más que comamos carne que fue sacrificada a los ídolos no sufriríamos daño? Me temo que algunos hasta me trataron de fanático por el excesivo cuidado que tengo en considerar el mundo espiritual. Advierto que el creyente debe discernir siempre el ambiente, las personas y los objetos. No puede ser un desprevenido. Jesús dijo: «Velad.» Y la Biblia dice que estamos en guerra. Salomón concluye: «El avisado ve el mal y se esconde» (Proverbios 22.3). ¡Cuidado, la verdad es que todo esta contaminado por el ocultismo! Y en cada barrio hay una o varias cuevas[7] del diablo. Y creo que a veces nos confiamos demasiado en nuestra propia justicia, cuando la Palabra afirma que es «trapo de inmundicia». Pretendemos ser invulnerables, cuando solo respetamos la apariencia. Ante los demonios, nada de eso sirve. Ellos se aprovecharán de todas las puertas que les abramos.

Curanderismo

Es la práctica ilegal de la medicina. Desde tiempos remotos muchos se han atribuido la capacidad para curar desde un simple empacho, hasta las dolencias más grandes. Utilizan brebajes caseros, imposición de manos o rezos para sus curaciones. Es muy sutil la diferencia que existe entre todas estas prácticas ocultas. Quienes ofician de curanderos usan todo a su alcance. Los más conservadores solo hierbas. Los extremistas y sin escrúpulos, se convierten también en brujos. Usan para sus trabajos pelos, sangre y algunas partes de animales. También velas y cintas de distintos colores, y maldiciones y conjuros a raudales.

América Latina conoce a muchos curanderos y «manosantas». O como dice el prestigioso animador de la televisión argentina, Raúl Portal, «manochantas». En Argentina se destacan Pancho Sierra y la Madre María, a quien la visitó el ex presidente Hipólito Hirigoyen. En Brasil se conoce de Zé Arigó y de Garrincha, y así la galería de estos individuos continúa y es casi interminable.

Lamentablemente sé de viejos creyentes en su fe que visitan a curanderos para ser sanados. Cuánta ignorancia, y cuánta gloria se le da al maligno. ¿No dice el Señor que no debemos temer a quienes puedan matar el cuerpo? Porque podrán con el cuerpo pero no con el alma (Mateo 10.28). ¿Por qué temer a una enfermedad que pueda matar el cuerpo? ¡Cuidado, el temor, lleva en sí castigo! ¿No podemos pensar acaso que nuestra enfermedad es para gloria de Dios? (Juan 11.4). Tampoco podemos pensar que todo es del maligno, algunas enfermedades son simples consecuencias del pecado, o desórdenes en la alimentación, lo cual tiene un propósito y también su contentamiento. Por eso es bueno recordar lo que primero Jesús le dijo al paralítico: «Tus pecados te son perdonados» (Mateo 9.2). El paralítico tenía dos necesidades reales. Una necesidad física y una espiritual. Sanarle el físico solamente lo habilitaba para vivir solo temporalmente, sanarle el espíritu lo habilitaba para vivir eternamente. Por eso Jesús encaró la sanidad como lo hizo. Atrajo la atención a la enfermedad peor, la del pecado, que puede condenar eternamente. En fin, el tema es interesante, porque cada vez que levantamos la bandera de la sanidad en la iglesia muchas personas necesitadas van a acudir. Estemos seguros de ello, y es bueno que lo hagamos, pero si en los enfermos no hay un acercamiento verdadero a Jesucristo, serán sanados, pero luego se irán al infierno sin que hayamos librado nuestra sangre de sobre ellos (Hechos 20.26-27; Ezequiel 3.16 ss; 33.1 ss).

Hechicería

La prestigiosa revista de Argentina, «*Noticias*», en su número de octubre de 1990, apareció con el título: «La Patria Hechicera». Esta práctica oculta no es solo patrimonio de Argentina. El mundo entero está bajo el poder del maligno (1 Juan 5.19). La famosa actriz Romy Schneider, mucho antes de morir confesó en una revista sensacionalista: «Yo no debí ir jamás a Hollywood, su hechizo me envolvió ... y las tragedias comenzaron a ser sobre mi vida. Es el mismo hechizo que destruyó a tantas estrellas como Marilyn Monroe, Jayne Mansfield, Jean Harlow, Judy Garland y Sharon Tate. Luchar contra eso, es imposible.»

En 2 Reyes se menciona un relato interesante: Joram le preguntó a Jehú: «¿Hay paz, Jehú? Y él respondió: ¿Qué paz, con las fornicaciones de Jezabel tu madre, y sus muchas hechicerías?» (2 Reyes 9.22). Cuando los hechiceros trabajan no puede haber paz, excepto para el pueblo de Dios, porque al igual que de Jacob se dijo que no había agüero contra él, así también lo es para con la iglesia.

Moisés conoció a los hechiceros en Egipto, estaban al servicio de faraón (Éxodo 7.11,22; 8.7). No podían convivir con el pueblo de Dios (Deuteronomio 18.10; Isaías 47.9-12), porque no puede tener comunión Cristo con Belial (2 Corintios 6.15). Porque la base de la hechicería y de todo el ocultismo es que los dioses «demonios» están al servicio de quienes los invocan, y existen leyes espirituales que se deben cumplir con rituales. El Nuevo Testamento prevé un avivamiento de la hechicería y también de su condenación (Apocalipsis 9.21; 18.23; 21.8; 22.15).

La palabra hechizo se traduce del latín «*factitius*»[8] y significa «hecho según determinado arte». Es el arte de desear una hechura al antojo del hechicero. También la palabra «*pharmakos*» y otros términos relacionados son traducidos al castellano como hechicería. También se la traduce como farmacia, o la utilización de fármacos, encantamientos, o drogas. Un hechicero toma drogas, corta hierbas, o practica rituales a fin de alcanzar un estado alterado y elevado de conciencia para «contactar» espíritus de los cuales pueda obtener «conocimiento» y «poderes mágicos». También mediante ejercicios telepáticos, intenta producir afecciones síquicas hasta la destrucción total del hechizado. Aunque básicamente hacer un hechizo es comisionar a un demonio, o a varios, para realizar un trabajo contra una persona. La persona queda señalada y comienza a ser atraída hacia una especie de mal. Este puede ser físico, y llegar solamente a afectar su salud, o la de su familia, o un daño mayor como la muerte misma.

Por medio del hechizo se establece un encantamiento, la raíz hebrea la traduce como una especie de atadura (Deuteronomio 18.11; Isaías 47.9,12). Este tipo de encantamiento puede ser ritual, donde el hechicero realiza su pacto con los demonios, o también por conjuro. Es decir, pronostica un daño seguro en el futuro de una persona. Cualquier forma de hechizo es compromiso con el diablo. Y las almas vacantes y raquíticas de los «sin Cristo» quedan ligadas al mal. De lo expuesto se desprende que el hechizado es un sujeto vacío de Cristo, con un gran problema de identidad y sugestionable. Crédulo de todo lo mágico y oculto, y un terreno fértil para el mal y lo maligno.

Capítulo 18

Los yugos impuestos

Todos los seres humanos nacemos con algún tipo de yugo. «Bueno le es al hombre llevar el yugo desde su juventud; que se siente solo y calle, porque es Dios quien se lo impuso» (Lamentaciones 3.27-28). No existen excepciones a esta regla. Porque cuando el hombre pecó, le fue impuesto un yugo. En algunos casos este yugo es de madera, y en otros de hierro. ¿Cuál es la diferencia? ¿A que se debe su imposición? ¿Y cuál es la forma de quitarlos de encima? En el pasaje de Jeremías 28.10-17, se mencionan dos tipos de yugo, veamos la diferencia entre ambos. Y por último, consideremos el yugo del amor que impone Jesús.

La calidad del yugo se debía a la condición anímica de la bestia que lo portaría. Si era un animal arisco y violento, debía llevar un yugo de hierro sobre su cerviz, pero si era un animal manso y poco violento, el yugo podía ser de madera. O sea, la composición del yugo estaba dada por el temperamento del animal. La figura del yugo representa cautiverio, esclavitud, limitación y condición impuesta. Donde el animal, o la persona, no está libre a su arbitrio, sino que debe sujetarse a la voluntad de otro, quien puede, en algún caso ser el diablo, la carne, o Cristo mismo.

Estos yugos en algunos casos se pasan como maldición de generación en generación. Yugos hereditarios, dados por hábitos, costumbres, culturas, o formas inútiles para la vida espiritual. Sin embargo, el Señor prometió liberarnos de las maldiciones hereditarias de la tercera y cuarta generación (Éxodo 20.5; Ezequiel 18.17). Porque nadie que tenga yugo impuesto por el hombre, la carne o el diablo podrá servir a Dios; así lo establecía la ley de Moisés. El sacrificio que aceptaba Dios era de un animal sin yugo (Números 19.2). No obstante, es menester que en toda entrevista de consejería se pueda establecer con criterio meridiano cuál es el yugo impuesto sobre la persona aconsejada y de qué manera establecer la mejor forma para quitarlo.

El yugo de madera

Este tipo de yugo es fácil de romper. A una determinada edad, uno mismo toma conciencia de su existencia, y decide mantenerlo sobre su cerviz. Aunque se origina en las costumbres y hábitos viciosos de cualquier ambiente, uno mismo termina colocándoselo. Como fue en el caso de Jeremías: «Hazte coyundas y yugos, y ponlos sobre tu cuello» (Jeremías 27.2). Quien lleva este yugo también puede implementar los medios para que se destruya. Es el yugo que afecta el carácter, el temperamento y la voluntad. Su imposición depende ciento porciento de la persona que lo porta, aunque lo ignore. Me refiero con esto, a que no es un yugo sobrenatural o impuesto por entidades inmundas. Se establece desde niño. Donde quien lo tiene, al crecer, lo aceptó como algo inevitable. Acostumbrarse fue en definitiva la mejor forma de mantenerse seguro y fuerte, llegando a formar parte de su personalidad. Es más, el yugo le da a la persona el carácter distintivo que tiene como individuo, sometiéndola a una falta de personalidad, o mala identidad, taras muy comunes que hacen de cualquier persona acomplejada, o atada por sentimientos malignos que lo depримen. Es a este tipo de yugo al que se refiere Pedro cuando dice: «Ahora, pues, ¿por qué tentáis a Dios, poniendo sobre la cerviz de los discípulos un yugo que ni nuestros padres ni nosotros hemos podido llevar?» (Hechos 15.10). Queriendo decir que, conociendo el poder de estos yugos, algunos con malicia los usan para manipular. Esto es tentar a Dios, privando al individuo de alcanzar la plena libertad en Cristo.

Siempre porté un yugo de madera hasta que Cristo me hizo verdaderamente libre. Era extremadamente tímido; no creo que haya existido otro más tímido que yo. Me recluía en mi habitación todos los días, y allí escribía mi diario íntimo con absoluta reserva. Tenía solo 18 años y pensaba constantemente en suicidarme. Mi vida era muy triste y solitaria. Atado por mil complejos, me sentía diferente de todos y al mismo tiempo me justificaba. Postergado en mil proyectos quería escapar del mundo. Me sentía inútil, feo, y el peor de la especie humana. Le echaba la culpa a todo y a todos. No había solución para mi vida y creía que mi nacimiento había sido un gran error de Dios.

Intentando cambiar mi vida, me hice radioaficionado, y escudándome detrás de un micrófono lograba hablar con desconocidos. En persona hubiera sido imposible lograrlo. Después, volví a sentirme mal. Me refugié en el *Karate*, y después siguió el estudio del idioma inglés que más tarde también abandoné por no animarme a hablarlo delante de los demás alumnos, convirtiéndome en un alumno crónico. Mientras, rodeado por la soledad, me desahogaba caminando y caminando por las calles de Córdoba.

Hasta que un día decidí irme a vivir al extranjero. Partí rumbo a los Estado Unidos, pero me quedé en Brasil. Allí conseguí trabajo, y me liberé un poco. El ambiente nuevo y el desafío de vivir en un mundo donde nadie me conocía me ayudó un poco. Económicamente me iba muy bien. Todo parecía perfecto, hasta que nuevamente los fantasmas volvieron a atormentarme. Sumado a ello, una gran soledad logró que me refugiara en la bebida fuerte. Todo eso eran los frutos de una autoestima deficiente que provocaban en mí sentimientos de inferioridad o intimidación ante cualquier desafío. Estaba como condenado a vivir, en cuestiones de felicidad, de las migajas. Era el muerto en vida de Ricardo Palma. Él me identificó en su famoso poema: «No son muertos los que en dulce calma, la paz disfrutan de la tumba fría, muertos son los que tienen muerta el alma, y viven todavía. Por eso hay muertos que en el mundo viven y hombres que viven en el mundo muertos.» Oculto en la sombra de mi híbrida vida, me contentaba a vivir solo de ilusiones. Hasta que conocí a Cristo, y Él me hizo verdaderamente libre. Inmediatamente, por consejo y lectura de la Biblia, supe que para quienes tienen este tipo de yugo hay promesas y demandas. ¿Cuáles son las promesas? Pues que el yugo desaparecerá. ¡Aleluya! ¿Y cuáles son las demandas? ¡Las siguientes, obedécelas!

Primera demanda: Fortalecerse mentalmente: «Y sucederá cuando te fortalezcas, que descargarás su yugo de tu cerviz» (Génesis 27.40). La fortaleza a la que se refiere el pasaje es una fortaleza mental. El profeta Jeremías se reconoció débil de cerviz. Dijo: «El yugo de mis rebeliones ha sido atado por su mano; ataduras han sido echadas sobre mi cerviz; ha debilitado mis fuerzas» (Lamentaciones 1.14). Debemos reemplazar las fortalezas que nos han hecho pensar mal de nosotros mismos, para buscar el equilibrio, no tener una autoestima deficiente, y creer algo menor o mayor de nosotros mismos. Es en la mente donde el creyente debe librar sus principales batallas, porque las decisiones que requiere Dios deben ser todas inteligentes. Y si la persona se encuentra atada por fantasmas, nunca tendrá una buena visión de la realidad. Fortaleciendo la mente, se busca pensar con equilibrio, aparte de llevar todo pensamiento cautivo a la obediencia de Cristo. El creyente piensa y decide con rectitud. Ni se deja llevar por «el qué dirán», ni mucho menos por los dictados de su carne. Como reconoce cuál es su verdadera potencialidad, confía relativamente en sí mismo, y absolutamente en Dios.

Segunda demanda: Consagrarse espiritualmente: «Acontecerá en aquel tiempo que su carga será quitada de tu hombro, y su yugo de tu cerviz, y el yugo se pudrirá a causa de la unción» (Isaías 10.27). Solo la consagración produce la unción espiritual con la cual todo yugo se pudre. No viene de otra manera. Y quien se consagre, logrará ser verdaderamente libre. Atado por tantos complejos en mi adolescencia y juventud, no lograba mantenerme tranquilo en una conversación. Me sentía observado y rechazado por todos. Mientras, mi hermano mellizo era el polo opuesto. Pensé que toda mi vida tendría que soportar ese yugo de madera que me atormentaba y me obligaba a pensar que sería un inútil en los caminos del Señor. Hasta que comprendí el texto de Hechos 17.28, y en esta secuencia encontré la victoria plena. Pablo, refiriéndose a Dios, dice: «Porque en Él vivimos, y nos movemos, y somos.» Inmediatamente me dije: *No necesito vivir, porque se supone que ya estoy viviendo en Cristo. Lo que necesito ahora es que moverme en Cris-*

to, *para que mi verdadero ser se defina*. Así lo entendí, y así lo hice.

Vivir, se refiere a la vida nueva que recibimos en el Señor. Moverse, solo se puede hacer mediante la aplicación y el desarrollo de los dones espirituales que Dios nos dio. Y ser, es la consecuencia que viene por la confirmación de andar en el camino del Señor haciendo Su voluntad. Por lo tanto, me propuse trabajar diligentemente con base en esta secuencia. Decidí aceptar cualquier desafío que entendiese que era voluntad de Dios, y esperar con tranquilidad el reconocimiento de mis dones que era la confirmación que tanto anhelaba al principio. Concluí que para definir el ser de nuestra personalidad y ser útiles al Señor, no podemos hacer otra cosa que vivir en Dios, movernos en Dios, y estar en Dios. Y eso no se logra a menos que obtengamos comunión íntima con Dios. Por eso Pablo advierte «No os unáis en yugo desigual» (2 Corintios 6.14-18). ¿Y acaso podrán andar dos juntos si no se ponen de acuerdo? (Amós 3.3). Por eso la recomendación es que vuelvas ahora en amistad con Dios, porque aunque «tengas lazos alrededor de ti, y te turbe espanto repentino, tendrás paz; determinarás asimismo una cosa, y te será firme, y sobre tus caminos resplandecerá luz» (véase Job 22.10-28).

Tercera demanda: Asumir por fe la libertad que nos dio Cristo: La palabra dice que el que conoce la verdad será libre (Juan 8.32). Entonces, ¿qué ocurre con aquellos que todavía viven esclavos? Se deduce que han creído una mentira. Como dijo Lincoln: «La mentira triunfa fácil.» El diablo es muy astuto, y por medio de la carne le hace creer al creyente cosas que atentan contra la voluntad de Dios. Esto lo convierte en un traidor. Herman Hesse afirmó que «es traición sacrificar el sentido de la verdad en aras de cual-

quier otro interés». ¿Cómo puede suceder esto? Sencilla-
mente, cuando el creyente se deja llevar por las emociones
o por la conveniencia personal. En ningún momento Pablo
se comportó así, confesó: «¿Me he hecho pues vuestro enemigo, por deciros la verdad?» (Gálatas 4.16). Ahora, si
como único parámetro de acción es el sentimiento, en ello
hay gran inmadurez, y se está muy alejado de la verdad. El
apóstol Juan lo explica en 1 Juan 2.15-17, donde los deseos
de la carne, de los ojos y la vanagloria de la vida prevalecen,
pero no duran. Por el contrario, quien se dedica a realizar la
voluntad de Dios, «permanece para siempre» (v. 17), independientemente de todo gusto o inquietud personal. Por
último, para que la voluntad de Dios te sirva, no se razona,
se cumple.

Después de mucho tiempo de convertido, puedo decir
que mi yugo de madera se pudrió definitivamente. Dejé de
ser un tímido y cobarde instrumento de mi carne, sujeto a
mil servidumbres emotivas y dándole la gloria al maligno,
para convertirme en alguien que tiene el privilegio de hablar ante multitudes y servir a Dios en el mundo. ¿Qué le
parece? Con humildad se lo digo. Dios puede hacer lo mismo en usted. ¡Créalo! Para Dios todo es posible.

El yugo de hierro

Este tipo de yugo es más difícil de sacar, nadie lo puede
hacer por sí mismo. Aunque tampoco son todos los que lo
tienen. El yugo de madera es un yugo general, mientras que
el yugo de hierro es muy particular. Este simboliza dominio hasta casi lo absoluto, esclavitud humillante y someti-
miento a vituperio constante. Es para destrucción y

servidumbre, como lo dice Moisés: «Servirás por tanto, a tus enemigos que enviare Jehová contra ti, con hambre y con sed y con desnudez, y con falta de todas las cosas; y él pondrá yugo de hierro sobre tu cuello, hasta destruirte» (Deuteronomio 28.48). Porque quien lo tiene está condenado a vivir en tormentos degradantes y permanentes. Este es el yugo que se impone sobre los que están cautivos por el diablo, quien vino a robar, a matar y a destruir (Juan 10.10). Ya no es un yugo natural, sino sobrenatural. Solo la misericordia de Dios y su gracia pueden hacer que este yugo desaparezca. La única oportunidad que tienen los que portan este tipo de yugo, es correr hacia Jesús y arrodillarse ante Él, como lo hizo el endemoniado gadareno (Marcos 5.6), al encontrar al único que pudo darse cuenta de su verdadero estado espiritual. Porque podemos tratar a la persona como si portara un yugo de madera, cuando en realidad el que tiene impuesto es de hierro. Y este tipo de yugo, solo sale con oración y ayuno (Mateo 17.21). Así lo determinó el Señor: «¿No es más bien el ayuno que yo escogí, desatar las ligaduras de impiedad, soltar las cargas de opresión, y dejar ir libres a los quebrantados, y que rompáis todo yugo?» (Isaías 58.6).

Cuando comenzó nuestro ministerio de liberación, me pidieron que visitará a una joven mujer en el sur de Buenos Aires. Fuimos con otro pastor de IBEM y cuando nos presentamos, nos encontramos con varios pastores de la zona. Aunque el hijo de esta mujer me había llamado específicamente, no quise intervenir hasta que no me dieran la oportunidad. Como veía que demoraban en el diagnóstico y justificaban muchos síntomas evidentes de posesión como si fueran problemas síquicos, pedí la palabra. Propuse orar. Inmediatamente después que comencé a orar, la mujer se manifestó en trance de posesión y comenzó a tirar patadas y trompadas. Como los demás pastores estaban con los ojos cerrados, fueron sorprendidos. La mujer quedó libre de los espíritus inmundos que la dominaban. Tenía un yugo de hierro, y como nosotros estábamos en oración y ayuno, alcanzamos la victoria. Pero qué queda de aquellos que tienen un yugo de hierro, y terminan recibiendo una inyección de calmantes por parte de enfermeras o profesionales médicos de la iglesia. Gente bien intencionada pero inexperta, sin discernimiento ni autoridad para expulsar demonios. No dijo Jesús que «estas señales seguirán a los que creen, en mi nombre echarán fuera demonios» (Marcos 16.17).

Dios provea a la obra de consejeros con discernimiento y capacitación ministerial. Porque Él está dispuesto a romper muchos yugos de hierro. «Yo Jehová vuestro Dios, que os saqué de la tierra de Egipto, para que no fueseis sus siervos, y rompí las coyundas de vuestro yugo, y os he hecho andar con el rostro erguido» (Levítico 26.13).

El yugo de amor

Jesús dijo: «Llevad mi yugo sobre vosotros, y aprended de mí, que soy manso y humilde de corazón; y hallaréis descanso para vuestras almas; porque mi yugo es fácil, y ligera mi carga» (Mateo 11.29-30). Sabemos explicar este texto cuando hablamos de la consagración del creyente. Este es el yugo que nos impone Jesús después que nos ha sacado el de madera y el de hierro. No se soporta como los otros, porque no se siente. Es imperceptible para quien está consagrado al señorío de Cristo. Mientras que para quién no lo está, se convierte en un yugo de maldición, como la piedra que los edificadores rechazaron.

En la vida del apóstol Pedro se hace mención a este yugo cuando Jesús le dice: «De cierto, de cierto te digo: Cuando eras más joven, te ceñías, e ibas a donde querías; mas cuando ya seas viejo, extenderás tus manos, y te ceñirá otro, y te llevará a donde no quieras» (Juan 21.18).

El yugo de amor que impone Jesucristo nos somete bajo su autoridad. Y quienes se sujetan sumisos sentirán que desarrollar la vida cristiana es fácil, mientras que aquellos que entienden que este yugo es difícil, la vida les resultará pesada y tormentosa. Los tales sufrirán hasta que no tomen la decisión correcta.

Apéndice 1

Breve glosario ocultista

HECHIZO: Del latín, *«factitius»*. Hecho según determinado arte. Objeto usado para hechizar. Prodigio, conjuro, pacto, ensalmo. También *PSIFACTUS*, del griego *psi*, letra veintitrés del alfabeto con la cual se designa tanto a la acción parasicológica como a aquello que la origina y, *«factus»*, del latín, hecho. Término creado con la finalidad de designar a todo hecho realizado a otro, por intermedio de *psi*. Equivalente al vocablo vulgar hechizo. Hay *psicofactus* de amor y de odio.

Otros sinónimos son embrujo, maleficio, sortilegio.

MAGO: La palabra «mago» se traduce de la palabra persa-iraní *«magus»*, que se tradujo como hechicero (para el mal); luego significó «profundo». Ellos formaban una de las seis tribus de los medos siendo sacerdotes de Zaratustra.

AQUELARRE: Viene de *«aquer»*, macho cabrío, y *«larre»*, prado; es decir, «prado del macho cabrío». Era una fiesta de brujos y brujas con demonios, donde se coronaba una reina a la izquierda del diablo. Satán presidía la fiesta en persona. Sacrificaban animales, tenían orgías sexuales, e iniciaban con el demonio a los niños. También las brujas le besaban el trasero al diablo en señal de honra.

EXORCISMO: Significa uno que administra un juramento o un conjuro. Es decir que estas personas que menciona el libro de los Hechos practicaban mediante una serie de fórmulas y ritos la expulsión de demonios. También significa invocación supersticiosa. Las dos veces que aparece el término es contra Jesús (Marcos 5.7; Mateo 26.63).

CONJURO: La palabra conjuro aparece como traducción de exorcismo en Mateo 26.63. Es apelar mediante juramento, hacer jurar, poner bajo obligación de juramento. Generalmente se usaban los conjuros para obligar a alguien a comparecer bajo pena de castigo.

POSTERGEIST: Palabra alemana acuñada durante la Reforma que significa «espíritu o duende burlón».

TELEQUINESIS: El prefijo griego *tele*, indica «distancia». Puede traducirse como «lejos». Y *kinesis*, es «movimiento». Una definición es el fenómeno parasicológico por el cual una persona mueve o desplaza un objeto que está en reposo, sin hacer uso de su cuerpo físico ni de ninguna fuerza visible al ojo humano.

PSICOQUINESIS: Del griego *psi*, «alma» y *kinesis*, movimiento. Es la acción de la mente sobre la materia, sin contacto visible de fuerza. Este término fue usado por primera vez por J.B. Rhine. Corresponde en inglés a la expresión abreviada *PK*.

ETROBACIA: Del griego, *etro*, que significa «aire puro», y *bacia*, de *baino*, «caminar». O sea caminar en el aire. Según los parasicólogos es pariente de la levitación, y solo se logra en un estado de trance profundo.

METEMPSICOSIS: Teoría que acepta que las almas se reencarnan muchas veces. Es una doctrina sostenida por el Hinduismo, el Budismo, la Teosofía, el Antropocentrismo, los Rosacruces, y la mayoría de las sectas ocultistas.

MAGNETOPATÍA: Según Mesmer, el individuo sano puede cargarse magnéticamente de los campos de fuerza magnética de la tierra y luego transferir a un cuerpo enfermo esta influencia curativa.

CUMBERLANDISMO: Es la adivinación por contacto. Según la parasicología, es posible transmitir un pensamiento a otra persona por medio de señales inconscientes.

PACTO: Fórmula con la cual se evoca al maligno, para establecer un compromiso, cuyo término era fijado por el diablo a cambio de fama, fortuna, poder, o sexo. Recordemos que Jesús vino para anular los decretos o pactos establecidos por el diablo (Colosenses 2.14).

QUIROLOGÍA: Homóloga a la quiromancia, pretende ser una ciencia médica que sostiene que los signos de la mano muestran la predisposición de muchas enfermedades. El sicólogo C.G. Jung, se convirtió en un defensor de esta disciplina. De esta se deriva «dermatoglifos», que determina el código de huellas digitales.

METAPSICOLOGÍA: Seudo ciencia que trata con los asuntos que pueden tener ingerencia en la mente humana. Ellos dicen que la mente se enferma y puede sanarse. O sea cada persona tiene el poder de sanarse a sí misma. Algo así como que «el hombre es autor de su propio destino, y se cura o no según su propia convicción». En la Argentina un exponente es Ricardo Schiaritti.

ANIMISMO: Término que se refiere a todo tipo de creencia en espíritus. También se la identifica con la creencia indígena con respecto al mundo espiritual.

¿Por qué no somos un movimiento ocultista?

1. No lo somos porque no practicamos el lavado de cerebro, sino que respetamos la voluntad del ser humano de tomar libremente sus decisiones, tal como es la actitud de Dios para con el hombre según la Biblia.

2. No lo somos porque no promovemos la desvinculación familiar, sino que, por el contrario, enfatizamos la unidad de los lazos familiares a través de retiros, consejería, actividades de grupo, charlas para matrimonios, etc.

3. No lo somos porque no practicamos el seguimiento a un líder profeta, sino a Jesucristo como único Salvador y Señor de la Iglesia.

4. No lo somos porque no desarraigamos al hombre de su entorno cultural, sino que enriquecemos su vida con los principios éticos, morales y cristianos, enseñando el respeto a los símbolos patrios y el amor y lealtad por nuestra identidad nacional.

5. No lo somos porque no tenemos prácticas esotéricas, sino que en nuestras reuniones, practicamos aquellas características de la Iglesia tal como aparecen en la Biblia.

6. No lo somos porque no promovemos a un grupo religioso como medio de salvación, sino al Señor Jesucristo como único camino a Dios.

7. No lo somos porque no acomodamos la interpretación de las Escrituras para sostener intereses sectarios o personales, sino que basamos nuestra interpretación de acuerdo a como lo entendieron los apóstoles y lo transmitieron fielmente nuestros pastores.

8. No lo somos porque no ministramos como quien tiene señorío sobre las almas.

Notas

Capítulo 2

1. J. S. Vaca Guzmán, *Hacia la Nueva Educación de Bolivia*. p. 150. Citado por Pereira Alves en «Luz y Verdad», Junta de Publicaciones de la Convención Evangélica Bautista, p. 32.

2. La Iglesia Universal del Reino de Dios. Surgió en San Pablo, Brasil, en el año 1975. Su pastor principal es Edir Macedo. Recientemente adquirieron el canal Record y poseen cientos de filiales en muchos países. Entre sus prácticas idolátricas está la de la sangre de un cordero que sacrifican para Pascua la cual debe ser pasada por los dinteles de las casas para evitar maldiciones. También la de las cinco piedritas que consiste en vender cada piedra para recibir bendición: (1) desempleo, (2) droga, (3) prostitución, (4) autoritarismo, y (5) violencia. Otra es el culto de la rosa, como Cristo es la Rosa de Sarón, cada miembro debe comprar una rosa y llevarla a la casa del Señor.

3. New Catholic Encyclopedia, 1967, tomo VII, p. 372.

Capítulo 3

1. Gabriel Roschini, *¿Quien es María?*, Catecismo Mariano, Ediciones Paulinas, Buenos Aires, 1954, p. 71.

2. Juan Mackay, *El otro Cristo español*, Editorial La Aurora, Buenos Aires, 1989, p. 86.

Capítulo 4

1. Kurt Koch, *Ocultismo y cura de almas*, p. 19.
2. Mancia, del griego *mantis* (vidente, adivinador). Se refiere al proceso de adivinación. Véanse al final de este capítulo las distintas «mancias».
3. Nee Watchman, *El hombre espiritual, espíritu, alma y cuerpo*, Tomo 1, Editorial Clie, Terrasa, 1987, pp. 53-54.
4. Tratado sobre Magia Negra, Editoral Caymi, pp. 33-44.

Capítulo 5

1. Wallace Irving y David Wallechinsky en *Almanaque de lo insólito*, Vol. 1, Editorial Grijalbo, Barcelona, 1980, pp. 337-342.
2. Favio Serpa, *El mundo de las vidas anteriores*, Editorial Planeta, Buenos Aires, 1990, p. 108.
3. Diario Clarín, Buenos Aires, 17 de abril de 1988, Artículo titulado «Cruce los dedos y lea esta nota».
4. García Vázquez, *Manuel E. Spinoza, antología*, Ediciones Península, Barcelona, 1986, p. 96.

Capítulo 6

1. La palabra «placebo» se deriva de la voz latina que significa «agradeceré». Son elementos innocuos que aunque tengan mala reputación algunos médicos los usan. Sirven con frecuencia para engañar al paciente y mejorarlo por autosugestión. Es un fenómeno estrictamente sicológico.
2. J.J. Benítez, *Caballo de Troya*, tomo 4, Ediciones Planeta, Buenos Aires, 1990.

3. Edward Bach, *La Curación Por Las Flores*, Editorial EDAF, Madrid, 1982. También un artículo de Lidia Masalyka, publicado en el diario El Puente, de diciembre de 1992.
4. James Scala, *Cómo alcanzar la longevidad, dieta para obtener una larga vida*, Lasser Press Mexicana, S.A. de C.V., Colombia, 1994, pp. 237-252.

Capítulo 8
1. Canción de los *Rolling Stones*.
2. Artículo publicado por el Diario *El Puente*, de Argentina, en enero de 1992.
3. Para ampliar este concepto, consulte mi libro sobre *Posesión Demoníaca*, publicado por Casa Bautista de Publicaciones, 1997, pp. 49-51.
4. Basilea M. Schlink, *Música Rock, ¿de dónde viene-adónde va?*, Hermandad Evangélica de María, Darmstadt-Eberstadt, Alemania Occidental, 1991, p. 10.

Capítulo 9
1. Tacito da Gama Leite, *¿Ciencia, magia o superstición?* Editorial Vida, Miami, 1987, p. 10.
2. Jean Flori, *Los Orígenes una desmitificación*, Editorial Safeliz, Madrid, 1983, p. 100.
3. Kurt Koch, *Ocultismo y cura de almas*, p. 77.
4. Sistema geocéntrico determinado por Tolomeo (150 a.C.) opuesto al de Copérnico en el siglo XVI.
5. G. Von Rad, *El Génesis*, Ginebra, 1968, p. 52.

Capítulo 11

1. Dr. David y Sharon Sneed, *La Agenda Secreta: Una exposición crítica de las terapias médicas alternativas*, Editorial Betania, Miami, 1993, pp. 203-206.

Capítulo 13

1. San Agustín, en su obra *Enarrationes in Psalmos*. pp. 1348-1349.

Capítulo 14

1. «Los cristianos y el yoga», artículo publicado en el diario *El Puente*, condensado del libro de Basilea Slink, diciembre de 1991, p. 29.
2. Conferencia dictada en la Universidad del Salvador, Argentina, el 5 de agosto de 1992. El doctor Manoar L. Gharote, ex director del colegio de yoga y síntesis cultural Kaivalyadhama Loavia, India.
3. Artículo publicado por el diario *Flash* de Argentina.
4. *Ibid.*
5. Héctor Ernesto Raya perteneció a una secta llamada *Suda Dherma Mandalam,* de origen indio, que tiene su sede para América Latina en Chile (véase el glosario al final del capítulo).
6. Germain Saint, *Hacia Mi Mágica Presencia*, Editorial Los Creadores, Argentina, 1989, p. 7.
7. Harrison F. Everett, *Diccionario de Teología*, Editorial T.E.L.L., Miami, 1993, p. 337.
8. Watchman Nee, *El hombre espiritual, análisis de alma y cuerpo*, Tomo 3, Editorial Clie, Terrasa, 1987, pp. 28-29.
9. Guyon, de la Mothe Jeanne M.B., *La oración interior*, librito editado por Udo Hauser Helmcke, p. 18.

Capítulo 17

1. A.E. Waite, *The Occult Sciences*, citado en *Magia egipcia práctica*, de Murry Hope, Ed. Edaf, Madrid, 1984, en el prefacio.

2. Miguel Robles, artículo sobre brujería en el diario *El Puente*, de noviembre de 1990.

3. Hilary Evans, *Visiones, apariciones, visitantes del espacio*, Editorial Kier, Buenos Aires, 1989, p. 206.

4. Franz König, *Las religiones en el mundo actual*, Biblioteca Salvat de grandes temas, 1974, pp. 12-13.

5. Kurt E. Koch, *Ocultismo y Cura de Almas*, Editorial Clie, Terrassa, 1989, p. 111.

6. Kurt Koch, *El diccionario del Diablo*, Editorial Clie, Terrassa, 1983, pp. 26-27.

7. Se denomina «cueva», a la unidad básica de la hechicería. Lugar donde se realizan los conjuros, hechizos y prácticas rituales del ocultismo. Son las viviendas de los emisarios del diablo. John P. Newport en su libro «*Demonios, demonios, demonios*», Casa Bautista de Publicaciones, 1973, p. 17. dice que «Dennis Weatley asegura que hay treinta mil «cuevas» o pequeños grupos organizados de hechiceros solo en Gran Bretaña. Los obreros cristianos en Suiza informan que casi en cada aldea hay un «brujo» o «bruja» o «médium» que hace encantamientos o prepara brebajes.

8. Ver ampliación de este término en el glosario en el Apéndice 1.